René Guénon

MISCELÁNEA

René Guénon
(1886-1951)

Miscelánea

Título original: *"Mélanges"*
Primera publicación en 1976 - Paris, Gallimard

Publicado por
Omnia Veritas Ltd

www.omnia-veritas.com

PRÓLOGO

P ara permitir el tener acceso en un libro y evitar así a los lectores las búsquedas en números de revistas agotadas desde hace largo tiempo, hemos reunido bajo el título de *Mélanges* cierto número de artículos de René Guénon y de *Palingénius*, su seudónimo en la época de *La Gnose*, revista fundada por él en 1909. Hemos dividido el conjunto de los artículos en tres partes: Metafísica y Cosmología, Ciencias y Artes tradicionales, Sobre algunos errores modernos. Desde el capítulo I de la Primera Parte, "El Demiurgo", que es, creemos, el primer texto que dio a la imprenta en 1909 a la edad de 23 años, hasta "La ciencia profana ante las doctrinas tradicionales", de abril de 1950, transcurren más de 40 años. En este intervalo de cerca de medio siglo, no se puede decir que las posiciones intelectuales de René Guénon hayan cambiado mucho, sobre todo en lo que concierne a las críticas contra el mundo moderno.

En el plano de la exposición teórica de la Doctrina tradicional, es probable que hubiese presentado "El Demiurgo" de otra manera en ciertos puntos, pero sin cambiar la significación profunda, puesto que su punto de vista metafísico ha permanecido siempre el mismo.

"Monoteísmo y angelología", de 1946, explica el error

politeísta como una degeneración de formas tradicionales debida a la incomprehensión de las relaciones de los diversos atributos con el Principio Supremo. Guénon retoma así, pero de una forma más accesible a los occidentales, una argumentación de Shrî Shankarâchârya en su comentario de la Mândûkya Upanishad. Se notará que, ya en "El Demiurgo", las citas shankaryanas eran numerosas.

"Espíritu e intelecto" (1947) precisa que el sentido de las palabras está en función de los diferentes órdenes de realidad para los cuales son utilizadas. El Intelecto o Buddhi es de naturaleza esencialmente supraindividual, puesto que no es otra cosa que la expresión misma de Atmâ en la manifestación. Si se toma entonces la palabra Espíritu en el sentido de Intelecto, hay que concebirlo como un Principio de orden universal, la primera producción de Prakriti.

"Las Ideas Eternas" (1947), contrariamente a la opinión de algunos, no deben ser en ningún caso consideradas como simples virtualidades con relación a los seres manifestados de los que ellas son los "arquetipos" principiales; en efecto, "no puede haber nada virtual en el Principio, sino, bien al contrario, la permanente actualidad de todo en un "eterno presente", actualidad que constituye precisamente el único fundamento real de toda existencia". Ver las cosas de otra manera equivale a "cortar las raíces de las plantas". "Lo que es virtual, no es nuestra realidad en el Principio sino la conciencia que de ella podemos tener durante la manifestación".

El capítulo VI: "Conócete a ti mismo" es la traducción francesa, revisada y corregida por Guénon, de un artículo en árabe que él había dado a la revista Al-Maa'rifah. Recordemos que Guénon partió para El Cairo en marzo de 1930 pero que su "vinculación" al Taçawwuf se remontaba al 1912.

Las "Observaciones sobre la notación matemática y sobre la producción de los números" han sido escritas en la época de La Gnose, 1910. Las primeras han sido retomadas y desarrolladas en Les Principes du calcul infinitésimal editadas en 1946 en la N.R.F. en la colección "Tradition".

Las "Observaciones sobre la producción de los números", escritas en el verano de 1930 son continuación del "Demiurgo". Se aprecia en ellas la influencia del Pitagorismo y de la Kábala (ver Formas tradicionales y ciclos cósmicos, III parte, p. 60 a 110 de la ed. francesa).

"La Iniciación y los oficios" es un artículo menos antiguo puesto que apareció en Le Voile d'Isis en abril de 1934. El autor explica en él porqué la iniciación ha devenido necesaria a medida que la humanidad se alejaba más y más del estado primordial. Como en "las artes y su concepción tradicional", Guénon expone las raíces de la degeneración de los oficios y de las artes a consecuencia de la "caída" o de la marcha descendente del ciclo actual. Con todo, indica la posibilidad de una iniciación de "pequeños misterios" basada sobre el oficio de constructor que subsiste todavía válidamente en Occidente. (Cf. al respecto Apreciaciones sobre la Iniciación).

Es de lamentar que Guénon no haya tenido tiempo de terminar "Las condiciones de la existencia corporal", comenzado en enero y febrero de 1912, es decir, en los dos últimos números de La Gnose. A pesar entonces de que el texto que de nuevo presentamos aquí no concierne sino a Akâsha y Vâyu y que los otros tres elementos: Fuego-Agua-Tierra (Tejas-Apa-Pritvhî) no hayan sido considerados, hemos pensado que la parte redactada interesaría suficientemente al público al cual estaba destinado y que era preferible hacerlo figurar con los restantes artículos de Mélanges.

"La Gnosis y las escuelas espiritualistas" nos hace retornar a nuestro punto de partida, es decir, a la época del "Demiurgo", noviembre de 1909. Es una toma de posición definitiva pues, escribe Guénon, "un Principio universal no puede inferirse de hechos particulares... El conocimiento, solamente en nosotros mismos podremos encontrar sus principios y no en los objetos exteriores".

Una serie de artículos reproducidos a partir de la página 176 de Mélanges, precisará las críticas dirigidas a las escuelas llamadas espiritualistas, es decir, los ocultistas, los teosofistas y los espiritistas, críticas que se renovarán y desarrollarán en L'Erreur spirite y Le Théosophisme algunos años más tarde.

En fin, el último capítulo "La ciencia profana ante las doctrinas tradicionales", que data de abril de 1950, reafirma, frente a los "científicos" esta vez, las mismas tomas de posición que en la época de La Gnose.

"Es el punto de vista profano el ilegítimo como tal, ya que considera las cosas sin vincularlas a ningún principio trascendente y como si fueran independientes de todo principio. La ciencia moderna entera no tiene ningún derecho a ser considerada como un verdadero conocimiento, puesto que, incluso si enuncia cosas que son ciertas, la manera en que las presenta no deja de ser ilegítima, y es en todo caso incapaz de dar razón de su verdad, la cual no puede resultar más que de su dependencia frente a unos principios..."

"Las aplicaciones prácticas a las cuales esta ciencia puede dar lugar son totalmente independientes del valor de la ciencia como tal... y los sabios mismos reconocen que ellos utilizan fuerzas de las que ignoran completamente su naturaleza; esta ignorancia está sin duda para muchos en el carácter peligroso que tales aplicaciones presentan demasiado frecuentemente..."

Sería difícil negar hoy, tras un cuarto de siglo, la justeza de las últimas advertencias de Guénon. Ello no impedirá ciertamente al destino del ciclo humano cumplirse pero permitirá quizás a algunos comprender mejor la época en la que vivimos y la siempre presente actualidad de aquel al que Shrî Ramana Maharshi llamaba "El Gran Sufí".

ROGER MARIDORT, 1976

René Guénon

PRIMERA PARTE:

METAFÍSICA Y COSMOLOGÍA

René Guénon

CAPÍTULO I

EL DEMIURGO*

I

Hay cierto número de problemas que constantemente han preocupado a los hombres, pero quizás ninguno ha parecido generalmente tan difícil de resolver como el del origen del Mal, con el que han topado, como con un obstáculo infranqueable, la mayoría de los filósofos y sobre todo los teólogos: "Si Deus est, unde Malum? Si non est, unde Bonum?"[1]. Este dilema es, en efecto, insoluble para aquellos que consideran la Creación como la obra directa de Dios, y que, en consecuencia, están obligados a hacerle responsable del Bien y del Mal. Se dirá sin duda que esta responsabilidad es atenuada, en cierta medida, por la libertad de las criaturas; pero, si las criaturas pueden escoger entre el Bien y el Mal, es

---

* "Reproducimos aquí el texto que, creemos, ha sido el primero, si no en ser redactado, sí al menos publicado por René Guénon. Apareció en el primer número de la revista La Gnose, que data de Noviembre de 1909". (Nota de Roger Maridort). (En realidad, el texto completo apareció en los tres primeros números de dicha publicación: noviembre y diciembre de 1909 y enero de 1910, firmado por T. Palingenius) (N. del T.).

[1] "¿Si Dios es, entonces de dónde el Mal, si no es, entonces de dónde el Bien?". (N. del T.)

que uno y otro existen ya, al menos en principio; y si son susceptibles de decidirse a veces en favor del Mal en lugar de estar siempre inclinadas siempre hacia el Bien, es que son imperfectas; ¿cómo entonces Dios, si es perfecto, ha podido crear seres imperfectos?

Es evidente que lo Perfecto no puede engendrar lo imperfecto, pues, si ello fuera posible, lo Perfecto debería contener en sí mismo lo imperfecto en estado principial, y entonces no sería ya lo Perfecto. Lo imperfecto no puede entonces proceder de lo Perfecto por vía de emanación; luego no podría resultar más que de la creación "ex nihilo", pero ¿cómo admitir que algo pudiese proceder de nada, o, en otros términos, que pudiese existir algo carente de principio? Por otra parte, admitir la creación "ex nihilo" sería admitir por ello mismo el aniquilamiento final de los seres creados, ya que lo que ha tenido un comienzo debe también tener un final, y nada es más ilógico que hablar de inmortalidad en tal hipótesis. Pero la creación así entendida es un absurdo, puesto que es contraria al principio de causalidad, el cual es imposible para todo hombre razonable negarlo sinceramente, y podemos decir con Lucrecio: "Ex nihilo nihil, ad nihilum nihil posse reverti."[2].

No puede haber nada que carezca de un principio; pero ¿cuál es ese principio? Y ¿no hay más que un Principio único de todas las cosas? Si se considera el Universo total, es

---

[2] "De la nada, nada surge; y a la nada, nada puede retornar". (N. Del T.)

evidente que él contiene todas las cosas, puesto que todas las partes están contenidas en el Todo. Por otra parte, el Todo es necesariamente ilimitado, ya que, si tuviera un límite, lo que hubiera más allá de este límite no estaría comprendido en el Todo, siendo esta suposición absurda. Lo que carece de límite puede ser llamado Infinito, y como lo contiene todo, este Infinito es el principio de todas las cosas. Por otro lado, el Infinito es necesariamente uno, pues dos Infinitos que no fueran idénticos se excluirían el uno al otro; resultando de esto que no hay más que un Principio único de todas las cosas, y este Principio es lo Perfecto, pues el Infinito sólo puede ser tal si es lo Perfecto.

Así, lo Perfecto es el Principio supremo, la Causa primera; él contiene todas las cosas en potencia y las ha producido todas; pero entonces, puesto que no hay más que un Principio único, ¿qué hay de todas las oposiciones que normalmente se consideran en el Universo: el Ser y el No-Ser, el Espíritu y la Materia, el Bien y el Mal? Nos encontramos aquí en presencia de la cuestión planteada desde el comienzo, y ahora podemos formularla de una manera más general: ¿cómo la Unidad ha podido producir la Dualidad?

Algunos han creído que debían admitir dos principios distintos, opuestos el uno al otro, pero esta hipótesis está descartada por lo dicho anteriormente. En efecto, estos dos principios no pueden ser ambos infinitos, pues entonces se excluirían o se confundirían; si sólo uno fuera infinito, éste sería el principio del otro; y, si ambos fueran finitos, no serían verdaderos principios, ya que decir que aquello que es finito puede existir por sí mismo, es admitir que algo puede venir de nada, puesto que todo lo finito tiene un comienzo, lógico si no cronológico. En este último caso, consecuentemente, siendo finitos uno y otro, deben proceder de un principio común, que es infinito, lo que nos remite así a la consideración de un Principio único. Además, muchas doctrinas consideradas habitualmente como dualistas, no lo son más que en apariencia; en el Maniqueísmo, como en la religión de Zoroastro, el dualismo no era sino una doctrina puramente exotérica, recubriendo la verdadera doctrina esotérica de la Unidad: Ormuz y Ahrimán son ambos engendrados por Zervané-Akérêné, y deben confundirse en él al final de los tiempos.

La Dualidad es entonces necesariamente producida por la Unidad, puesto que no puede existir por sí misma; pero ¿cómo puede ser producida? Para comprenderlo debemos considerar primeramente a la Dualidad en su aspecto menos particularizado, que es la oposición del Ser y del No-Ser; por otra parte, puesto que uno y otro están forzosamente contenidos en la Perfección total, es evidente desde el principio que esta oposición no puede ser más que aparente. Entonces valdría más hablar únicamente de distinción; pero ¿en qué consiste esa distinción? ¿Existe, en realidad, independientemente de nosotros, o no es simplemente más que el resultado de nuestra forma de ver las cosas?

Si por No-Ser no se entiende sino la pura nada, es inútil

seguir hablando, pues ¿qué se puede decir de aquello que no es nada? Pero otra cosa muy distinta sería si se considera al No-Ser como posibilidad de ser; así entendido, el Ser es la manifestación del No-Ser, y está contenido en estado potencial en el No-Ser. La relación del No-Ser al Ser es entonces la relación de lo no-manifestado a lo manifestado, y podemos decir que lo no-manifestado es superior a lo manifestado, puesto que es su principio, ya que contiene en potencia todo lo manifestado más lo que no es, ni nunca ha sido, ni jamás será manifestado. Al mismo tiempo, vemos que es imposible hablar aquí de una distinción real, puesto que lo manifestado está contenido en principio en lo no-manifestado; sin embargo no podemos concebir lo no-manifestado directamente, sino solamente a través de lo manifestado. Esta distinción existe pues para nosotros, pero sólo existe para nosotros.

Si es así para la Dualidad en cuanto a la distinción entre Ser y No-Ser, con mayor razón debe ser lo mismo para todos los otros aspectos de la Dualidad. Con esto vemos cuán ilusoria es la distinción entre Espíritu y Materia, sobre la que se han construido, sobre todo en los tiempos modernos, tan gran cantidad de sistemas filosóficos, como si se tratara de una base inquebrantable; si esta distinción desaparece, nada queda de todos esos sistemas. Además, podemos señalar de pasada que la Dualidad no puede existir sin el Ternario, ya que si el Principio, diferenciándose, da nacimiento a dos elementos —que por lo demás sólo son distintos en tanto que nosotros los consideremos como tales—, éstos dos elementos y su Principio común forman un Ternario, de suerte que en realidad es el Ternario y no el Binario quien es inmediatamente producido por la primera diferenciación de la Unidad primordial.

Volvamos ahora a la distinción entre el Bien y el Mal, que no es en sí, también ella, más que un aspecto particular de la Dualidad. Cuando oponemos Bien y Mal, hacemos consistir generalmente el Bien en la Perfección o, al menos, en un grado inferior, en una tendencia a la Perfección, y entonces el Mal no es otra cosa que lo imperfecto; pero ¿cómo lo imperfecto podría oponerse a lo Perfecto? Hemos visto que lo Perfecto es el Principio de todas las cosas, y que, por otro lado, él no puede producir lo imperfecto; de donde resulta que en realidad lo imperfecto no existe, o que al menos no puede existir sino como elemento constitutivo de la Perfección total; pero, siendo así, no puede ser realmente imperfecto, y lo que nosotros denominamos imperfección no es más que relatividad. Así, lo que llamamos error no es más que verdad relativa, pues todos los errores deben ser comprendidos en la Verdad total, sin lo cual ésta, estando limitada por algo que estaría fuera de ella, no sería perfecta, lo que equivale a decir que no sería la Verdad. Los errores, o, mejor dicho, las verdades relativas, no son sino fragmentos de la Verdad total; es pues la fragmentación la que produce la relatividad, y en consecuencia, podríamos decir que ella es la causa del Mal, si relatividad fuera realmente sinónimo de imperfección; pero el Mal sólo es tal cuando se lo distingue del Bien.

Si llamamos Bien a lo Perfecto, lo relativo no es algo realmente distinto, ya que en aquel está contenido en principio; luego, desde el punto de vista universal, el Mal no existe. Existirá únicamente si consideramos todas las cosas bajo un aspecto fragmentario y analítico, separándolas de su Principio común, en lugar de considerarlas sintéticamente como contenidas en este Principio, que es la Perfección. Así es creado lo imperfecto; el Mal y el Bien son creados al distinguirlos el uno del otro, y, si no hay Mal, no hay motivo tampoco para hablar del Bien en el sentido ordinario de esta palabra, sino únicamente de Perfección. Es por tanto la fatal ilusión del Dualismo la que realiza el Bien y el Mal, y la que, considerando las cosas bajo un punto de vista particularizado, sustituye a la Unidad por la Multiplicidad, y encierra así a los seres sobre los cuales ejerce su poder en el dominio de la confusión y de la división. Este dominio es el Imperio del Demiurgo.

II

Lo que hemos dicho respecto la distinción del Bien y el Mal permite comprender el símbolo de la Caída original, al menos en la medida en que estas cosas pueden llegar a expresarse. La fragmentación de la Verdad total, o del Verbo, pues es la misma cosa en el fondo, fragmentación que produce la relatividad, es idéntica a la segmentación del Adam Kadmon, cuyas porciones separadas constituyen al Adam Protoplastos, es decir, el primer formador. La causa de esta segmentación es Nahash, el Egoísmo o el deseo de la existencia individual. Este Nahash no es una causa exterior al hombre, sino que está en él, primero en estado potencial, y sólo deviene exterior sino en la medida en que el hombre mismo lo exterioriza; este instinto de separatividad, por su naturaleza, que es la de provocar la división, empuja al hombre a probar el fruto del Arbol de la Ciencia del Bien y del Mal, es decir, a crear la distinción misma entre Bien y Mal. Entonces los ojos del hombre se abren, pues aquello que le era interior se ha convertido en exterior, a consecuencia de la separación que se ha producido entre los seres. Estos están ahora revestidos de formas, que limitan y definen su existencia individual, y así el hombre se ha convertido en el primer formador. Pero en lo sucesivo, también él se encuentra sometido a las condiciones de esta existencia individual, está revestido igualmente de una forma, o, siguiendo la expresión bíblica, de una túnica de piel, y está encerrado en el dominio del Bien y del Mal, en el Imperio del Demiurgo.

A través de esta exposición abreviada y muy incompleta, vemos que el Demiurgo no es en realidad una potencia externa al hombre; en principio no es más que la voluntad del hombre en tanto realiza la distinción entre Bien y Mal. Pero seguidamente el hombre, limitado como ser individual por esa voluntad que es la suya propia, la considera como algo externo a él, y así deviene distinta de él. Además, como dicha voluntad se opone a los esfuerzos necesarios para salir del dominio en que él mismo se ha encerrado, la ve como una potencia hostil, y la denomina Satán o el Adversario. Destaquemos además que este Adversario, que hemos creado nosotros mismos y que creamos a cada instante, pues ello no debe considerarse como algo que ocurrió en un tiempo determinado, que este Adversario decimos, no es malo en sí mismo, sino que constituye únicamente el conjunto de todo lo que nos es contrario.

Desde un punto de vista más general, el Demiurgo, devenido una potencia distinta y considerado como tal, es el Príncipe de este Mundo del cual se habla en el Evangelio de Juan. No es, propiamente hablando, ni bueno ni malo, más bien es lo uno y lo otro, puesto que contiene en sí mismo el Bien y el Mal. Se considera su dominio como el Mundo inferior, en oposición al Mundo superior o Universo principial del que ha sido separado. Pero hay que tener en cuenta que esta separación jamás es absolutamente real, sólo lo es en la medida en que la realizamos, pues este Mundo inferior está contenido, en estado potencial, en el Universo principial, y es evidente que ninguna parte puede realmente salir del Todo. Por otra parte, esto es lo que impide que la caída continúe indefinidamente; pero no se trata sino de una expresión totalmente simbólica, y la profundidad de la caída mide simplemente el grado en el cual la separación se ha llevado a cabo. Con esta restricción, el Demiurgo se opone al Adam Kadmon o a la Humanidad principial, manifestación del Verbo, pero solamente como un reflejo, ya que él no es una emanación, y no existe por sí mismo; eso es lo que está representado por la figura de los dos ancianos del Zohar, y también por los dos triángulos opuestos del Sello de Salomón.

Esto nos lleva a considerar al Demiurgo como un reflejo tenebroso e invertido del Ser, pues no puede ser otra cosa en realidad. Por tanto no es un ser; pero, según lo dicho anteriormente, puede considerarse como la colectividad de los seres en la medida en que son distintos, o si se prefiere, en tanto que tienen una existencia individual. Somos seres distintos en tanto que creamos nosotros mismos la distinción, que sólo existe en la medida en que la creamos; y en tanto que lo hacemos somos elementos del Demiurgo, y, como seres distintos, pertenecemos al dominio de este Demiurgo, que es lo que se denomina la Creación.

Todos los elementos de la Creación, es decir las criaturas, están pues contenidas en el Demiurgo, y en efecto, sólo las puede extraer de sí mismo puesto que la creación ex nihilo es imposible. Considerado como Creador, el Demiurgo produce primero la división, y no es realmente distinto de ella, ya que sólo existe en tanto que la división misma existe; después, como la división es la fuente de la existencia individual y ésta viene definida por la forma, el Demiurgo debe ser considerado como formador y entonces es idéntico al Adam Protoplastos, tal como hemos visto. Podemos decir aún que el Demiurgo crea la Materia, entendiendo por esta palabra el caos primordial que es la reserva común de todas las formas; después organiza esta Materia caótica y tenebrosa donde reina la confusión, haciendo surgir de ella las múltiples formas cuyo conjunto constituye la Creación.

¿Se debe decir entonces que esta Creación es imperfecta?

Sin duda no se la puede considerar como perfecta; pero, desde el punto de vista Universal, no es más que uno de los elementos constitutivos de la Perfección total. Sólo es imperfecta cuando la consideramos analíticamente, como separada de su Principio, y lo es en la misma medida que constituye el dominio del Demiurgo. Pero, si lo imperfecto sólo es un elemento de lo Perfecto, no es verdaderamente imperfecto, y de ahí resulta que en realidad el Demiurgo y su dominio no existen desde el punto de vista universal, como tampoco la distinción entre Bien y Mal. Igualmente resulta que, desde el mismo punto de vista, la Materia no existe: la apariencia material no es más que ilusión, de donde no hay que sacar la conclusión, por otro lado, de que los seres que tienen esta apariencia no existan, pues sería caer en otra ilusión: la de un idealismo exagerado y mal entendido.

Si la Materia no existe, la distinción entre Espíritu y Materia desaparece por ello mismo; en realidad todo debe ser Espíritu, pero entendiendo esta palabra en un sentido bien diferente del que le han atribuido la mayor parte de los filósofos modernos. Estos, en efecto, aun oponiendo el Espíritu a la Materia, no lo consideran como independiente de toda forma, y se puede entonces preguntar en qué se diferencia de la Materia. Si se dice que es inextenso, mientras que la Materia es extensa, ¿cómo es que lo inextenso puede estar revestido de una forma? Por otra parte, ¿por qué querer definir el Espíritu? Ya sea con el pensamiento o de otra manera, es siempre a través de una forma como se busca definirlo, y entonces ya no es Espíritu. En realidad el Espíritu universal es el Ser, y no tal o cual ser particular; es el Principio de todos los seres, y así los contiene a todos. Por eso todo es Espíritu.

Cuando el hombre alcanza el conocimiento real de esta verdad, se identifica él mismo e identifica todas las cosas con el Espíritu universal. Entonces para él toda distinción desaparece, de tal forma que contempla todas las cosas como estando en él mismo y no como exteriores, pues la ilusión se desvanece ante la Verdad como la sombra ante el sol. Así, por este mismo conocimiento, el hombre es liberado de las ataduras de la Materia y de la existencia individual, ya no está sometido al dominio del Príncipe de este Mundo, ya no pertenece al Imperio del Demiurgo.

III

De lo que precede resulta que el hombre puede, desde su existencia terrestre, liberarse del dominio del Demiurgo o del Mundo hylico, y que esta liberación se opera por la Gnosis, es decir por el Conocimiento integral. Señalemos que este Conocimiento nada tiene en común con la ciencia analítica y no la supone de ningún modo. Es una ilusión muy extendida en nuestros días creer que no se puede llegar a la síntesis total más que a través del análisis; al contrario, la ciencia ordinaria es totalmente relativa y, limitada al Mundo hylico, tiene la misma existencia que éste desde el punto de vista universal.

Por otra parte, debemos indicar también que los diferentes Mundos, o, según la expresión generalmente admitida, los diversos planos del Universo no son lugares o regiones, sino modalidades de la existencia o estados del ser. Esto permite comprender cómo un hombre viviendo en la tierra puede pertenecer en realidad, ya no al Mundo hylico, sino al Mundo psíquico o incluso al Mundo pneumático. Es lo que constituye el segundo nacimiento. Sin embargo, propiamente hablando, éste no es más que el nacimiento al Mundo psíquico, por el cual el hombre se hace consciente de los dos planos, pero sin alcanzar todavía el Mundo pneumático, es decir sin identificarse con el Espíritu universal. Esta identificación sólo es alcanzada por aquel que posee íntegramente el triple Conocimiento, por el cual es liberado para siempre de los nacimientos mortales; es lo que se expresa diciendo que solamente los Pneumáticos son salvados. El estado de los psíquicos no es más que un estado transitorio; es el del ser que ya está preparado para recibir la Luz, pero que todavía no la percibe, que no ha tomado consciencia de la Verdad una e inmutable.

Cuando hablamos de nacimientos mortales, entendemos por ello las modificaciones del ser, su paso a través de las formas múltiples y cambiantes; no habiendo en ello nada que se parezca a la doctrina de la reencarnación tal como la admiten los espiritistas y los teosofistas, doctrina que algún día tendremos la ocasión de explicar. El Pneumático está liberado de los nacimientos mortales, es decir está liberado de la forma, por lo tanto del Mundo demiúrgico; ya no está sometido al cambio y, en consecuencia, es sin acción; siendo este un punto sobre el que volveremos más adelante. El

Psíquico, por el contrario, no sobrepasa el mundo de la Formación, que es designado simbólicamente como el primer Cielo o la esfera de la Luna; de allí regresa al Mundo terrestre, lo que no significa que tome un nuevo cuerpo en la Tierra, sino simplemente que debe revestirse de nuevas formas, sean cuales fueren, antes de obtener la liberación.

Lo que acabamos de exponer muestra la concordancia, podríamos incluso decir la identidad real, a pesar de ciertas diferencias en la expresión, de la doctrina gnóstica con las doctrinas orientales y más particularmente con el Vêdânta, el más ortodoxo de todos los sistemas metafísicos fundados en el Brahmanismo. Por este motivo podemos completar lo dicho anteriormente respecto a los diversos estados del ser, reproduciendo algunas citas del Tratado del Conocimiento del Espíritu de Shankarâchârya.

"No hay otro medio de obtener la liberación completa y final que el Conocimiento; es el único instrumento que desata los lazos de las pasiones; sin el Conocimiento no se puede obtener la Beatitud."

"La acción, no oponiéndose a la ignorancia, no la puede alejar; pero el Conocimiento disipa la ignorancia, como la Luz disipa las tinieblas."

La ignorancia es aquí el estado del ser envuelto en las tinieblas del Mundo hylico, atado a la apariencia ilusoria de la Materia y a las distinciones individuales; mediante el Conocimiento, que no pertenece al dominio de la acción, sino que le es superior, todas las ilusiones desaparecen, tal como hemos dicho anteriormente.

"Cuando la ignorancia que nace de los afectos terrestres es alejada, el Espíritu, por su propio esplendor, brilla a lo lejos en un estado indiviso, como el Sol difunde su claridad cuando las nubes se dispersan."

Pero, antes de llegar a este grado, el ser pasa por un estado intermedio, el que corresponde al Mundo psíquico; entonces cree ser, ya no el cuerpo material, sino el alma individual, puesto que para él no ha desaparecido toda distinción, porque todavía no ha salido del dominio del Demiurgo.

"Imaginándose que es el alma individual, el hombre se asusta, como alguien que toma por error un trozo de cuerda por una serpiente; pero su temor es alejado por la percepción de que él no es el alma, sino el Espíritu universal."

Quien ha tomado consciencia de los dos Mundos manifestados, es decir del Mundo hylico, conjunto de manifestaciones groseras o materiales, y del Mundo psíquico, conjunto de las manifestaciones sutiles, es nacido dos veces, Dwidja; pero aquel que es consciente del Universo no manifestado o del Mundo sin forma, es decir del Mundo pneumático, y que ha llegado a la identificación de sí mismo con el Espíritu universal, Atmâ, es el único que puede ser llamado Yogui, es decir, "unido" al Espíritu universal.

"El Yogui, cuyo intelecto es perfecto, contempla todas las cosas como morando en él mismo, y así, por el ojo del

Conocimiento, percibe que todo es Espíritu."

Notemos de pasada que el Mundo hylico se compara al estado de vigilia, el Mundo psíquico al estado de sueño, y el Mundo pneumático al estado de sueño profundo. Debemos recordar a este propósito, que lo no-manifestado es superior a lo manifestado, por ser su principio. Por encima del Universo pneumático no hay ya, según la doctrina gnóstica, más que el Pleroma, que puede considerarse como constituido por el conjunto de los atributos de la Divinidad. No se trata de un cuarto mundo, sino del Espíritu universal mismo, Principio supremo de los Tres Mundos, ni manifestado ni no-manifestado, indefinible, inconcebible e incomprehensible.

El Yogui o el Pneumático, ya que en el fondo es lo mismo, se percibe, no ya como una forma grosera ni como una forma sutil, sino como un ser sin forma; se identifica entonces con el Espíritu universal, y estos son los términos con que Shankarâchârya describe ese estado:

"El Es Brahma, tras cuya posesión no hay nada que poseer; tras el gozo de su felicidad, ya no hay felicidad que pueda ser deseada; y tras la obtención de su conocimiento, ya no hay conocimiento que obtener."

"Es Brahma, el que una vez visto, no deja otro objeto que contemplar; habiéndose identificado con El, ya ningún nacimiento es experimentado; habiéndolo percibido, no hay nada más que percibir."

"Es Brahma, esparcido por todas partes, en todo: en el espacio medio, en lo que está por encima y lo que está por debajo; el verdadero, el viviente, el dichoso, sin dualidad, indivisible, eterno y uno."

"Es Brahma, sin tamaño, inextenso, increado, incorruptible, sin rostro, sin cualidades o características."

"Penetra él mismo su propia esencia eterna, y contempla el Mundo entero apareciendo como Brahma."

"Brahma no se parece en nada al Mundo, y fuera de Brahma no hay nada; todo lo que parece existir fuera de él es una ilusión."

"De todo lo que se ve, de todo lo que se oye, sólo existe Brahma, y por el conocimiento del principio, Brahma es contemplado como el Ser verdadero, viviente, feliz, sin dualidad."

"El ojo del Conocimiento contempla al Ser verdadero, viviente, feliz, que todo lo penetra; pero el ojo de la ignorancia no lo descubre, no lo percibe al igual que un hombre ciego no ve la luz."

"Cuando el Sol del Conocimiento espiritual se levanta en el cielo del corazón, expulsa las tinieblas, penetra todo, abarca todo e ilumina todo."

Observemos que el Brahma del que aquí se trata es el Brahma superior; hay que tener cuidado en distinguirlo del

Brahma inferior, pues éste no es otra cosa que el Demiurgo, considerado como el reflejo del Ser. Para el Yogui, sólo hay el Brahma superior, que contiene todas las cosas, y fuera del cual no hay nada; el Demiurgo y su obra de división ya no existen.

"El que ha realizado el peregrinaje de su propio espíritu, un peregrinaje en el cual no hay nada que concierna a la situación, al lugar o al tiempo, que está en todo, en el que ni el calor ni el frío se experimentan, que constituye una felicidad perpetua y una liberación de toda penalidad; éste está por encima de la acción, conoce todas las cosas, y obtiene la eterna Beatitud."

IV

Tras haber caracterizado los tres Mundos y los estados del ser que les corresponden, y de haber indicado, dentro de lo posible, en qué consiste la liberación de la dominación demiúrgica, debemos retomar todavía el tema de la distinción entre el Bien y el Mal, con el fin de sacar algunas consecuencias de lo expuesto anteriormente.

Para empezar, se podría estar tentado de decir lo siguiente: si la distinción entre el Bien y el Mal es ilusoria, si en realidad no existe, lo mismo debe suceder con la moral, pues es evidente que la moral está basada en esta distinción, a la que considera esencial. Esto sería ir demasiado lejos; la moral existe, pero en la misma medida que la distinción entre el Bien y el Mal, es decir para todo lo que pertenece al dominio del Demiurgo; desde el punto de vista universal, no tendría ninguna razón de ser. En efecto, la moral no puede aplicarse más que a la acción; la acción supone el cambio, y éste sólo es posible en lo formal o manifestado. El Mundo sin forma es inmutable, superior al cambio, por lo tanto a la acción, y es por lo que el Ser que ya no pertenece al Imperio del Demiurgo es no-actuante.

Esto muestra que hay que tener mucho cuidado en no confundir los diversos planos del Universo, pues lo que se dice de uno podría no ser verdadero para el otro. Así, la moral existe necesariamente en el plano social, que es esencialmente el dominio de la acción; pero no cuando se considera el plano metafísico o universal, puesto que entonces ya no hay acción.

Establecido este punto, debemos señalar que el ser superior a la acción posee sin embargo la plenitud de la actividad; pero es una actividad potencial, una actividad no actuante. Este ser no es inmóvil, como se podría decir equivocadamente, sino inmutable, es decir superior al cambio. En efecto, se identifica con el Ser que siempre es idéntico a sí mismo: según la fórmula bíblica "el Ser es el Ser." Esto está relacionado con la doctrina taoísta, según la cual la Actividad del Cielo es no actuante. El Sabio, en quien se refleja la Actividad del Cielo observa el no actuar. Sin embargo, este Sabio, que hemos designado como el Pneumático o el Yogui, puede actuar aparentemente, como la Luna parece que se mueve cuando las nubes pasan delante de ella; pero el viento que aparta las nubes no tiene influencia sobre la Luna. Igualmente la agitación del Mundo demiúrgico no tiene influencia sobre el

Pneumático; y a este respecto podemos citar lo que dice Shankarâchârya.

"El Yogui, habiendo atravesado el mar de las pasiones, está unido a la Tranquilidad y se regocija en el Espíritu."

"Habiendo renunciado a los placeres que nacen de los objetos externos perecederos, y gozando de las delicias espirituales, está en calma y sereno como la llama bajo un apagavelas, y se alegra en su propia esencia."

"Durante su residencia en el cuerpo, no es afectado por sus propiedades, como el firmamento no es afectado por lo que flota en su seno; conociendo todas las cosas permanece no afectado por las contingencias."

A partir de ahí podemos comprender el verdadero sentido de la palabra "Nirvana", de la cual se han dado tantas falsas interpretaciones; esta palabra significa literalmente "extinción del soplo o de la agitación", luego el estado de un ser que ya no está sometido a ninguna agitación, que está definitivamente liberado de la forma. Es un error muy extendido, al menos en Occidente, creer que no hay nada cuando no hay forma, cuando en realidad es la forma lo que no es nada y lo informal lo es todo; así, el Nirvana, muy lejos de ser el aniquilamiento como han pretendido algunos filósofos, es por el contrario la plenitud del Ser.

De todo lo que precede, podríamos sacar la conclusión que no hay que actuar; pero sería inexacto, sino en principio, al menos en la aplicación que quisiéramos hacer. En efecto, la acción es la condición de los seres individuales, pertenecientes al Imperio del Demiurgo; en el Pneumático o el Sabio en realidad no hay acción, pero en tanto que reside en un cuerpo, tiene las apariencias de la acción; exteriormente, es en todo parecido a los demás hombres, pero sabe que no es más que una apariencia ilusoria, y esto es suficiente para que esté liberado de la acción, puesto que es a través del Conocimiento como se obtiene la liberación. Por eso mismo, el que está liberado de la acción ya no está sujeto al sufrimiento, ya que el sufrimiento es un resultado del esfuerzo, por tanto de la acción, y esto es en lo que consiste lo que llamamos la imperfección, aunque en realidad no haya nada imperfecto.

Es evidente que la acción no puede existir para aquel que contempla todas las cosas en sí mismo como existiendo en el Espíritu universal, sin ninguna distinción de objetos individuales, tal como expresan estas palabras de los Vedas: "Los objetos difieren simplemente en designación, accidente y nombre, como los utensilios terrestres reciben diferentes nombres, aunque solamente sean diferentes formas de tierra." La tierra, principio de todas esas formas, es en sí misma sin forma, pero las contiene a todas en potencia; tal es también el Espíritu universal. La acción implica cambio, es decir la destrucción incesante de formas que desaparecen para ser reemplazadas por otras; son las modificaciones que llamamos nacimiento y muerte, los múltiples cambios de estado que debe atravesar el ser que todavía no ha alcanzado la liberación o la transformación final, empleando esta palabra transformación en su sentido etimológico, que es el de pasaje fuera de la forma. El apego a las cosas individuales, o a las formas esencialmente transitorias y perecederas, es propio de la ignorancia; las formas no son nada para el ser que se ha liberado de ellas, y por eso, incluso durante su residencia en el cuerpo, no le afectan en nada sus propiedades.

"Así se mueve libre como el viento, pues sus movimientos no están afectados por las pasiones."

"Cuando las formas son destruidas, el Yogui y todos los seres entran en la esencia que todo lo penetra."

"Es sin cualidades y sin acción, imperecedero, sin volición; feliz, inmutable, sin rostro; eternamente libre y puro."

"Es como el éter, expandido por todas partes, y que penetra al mismo tiempo el exterior y el interior de las cosas; es incorruptible, imperecedero; es el mismo en todas las cosas, puro, impasible, sin forma, inmutable."

"Es el gran Brahma, que es eterno, puro, libre, uno, incesantemente feliz, no dual, existente, perceptivo y sin fin."

Tal es el estado al que llega el ser por el Conocimiento espiritual; así es liberado para siempre jamás de las condiciones de la existencia individual, liberado del Imperio del Demiurgo.

CAPÍTULO II

MONOTEÍSMO Y ANGELOLOGÍA[*]

L o que anteriormente hemos dicho[**], permite comprender cuál es la naturaleza del error que es susceptible de dar nacimiento al politeísmo: éste, que en suma no es sino el caso más extremo de la "asociación"[3], consiste en admitir una pluralidad de principios considerados como completamente independientes, cuando en realidad ni son ni pueden ser sino aspectos más o menos secundarios del Principio supremo. Es evidente que ello no puede ser mas que la consecuencia de una incomprensión de ciertas verdades tradicionales, precisamente aquellas que se refieren a los aspectos o a los atributos divinos; tal incomprensión es siempre posible en individuos aislados y más o menos numerosos, pero su generalización, correspondiendo a un extremo estado de degeneración de una forma tradicional en vías de

[*] Publicado originalmente en Etudes Traditionnelles, París, octubre-noviembre de 1946.

[**] El autor se refiere al artículo "Las raíces de las plantas", publicado en Etudes Traditionnelles en el mes anterior y recopilado póstumamente en Symboles de la Science Sacrée. (Nota del T.)

[3] Hay "asociación" desde el momento en que se admite que cualquier cosa, fuera del Principio, posee una existencia que le pertenece particularmente; pero naturalmente, de aquí al politeísmo propiamente dicho, puede haber múltiples grados.

desaparición, ha sido sin duda de hecho mucho más extraña de lo que de ordinario se cree. En todo caso, ninguna tradición, sea cual sea, podría, en sí misma, ser politeísta; es invertir todo orden normal el suponer un politeísmo en el origen, siguiendo las opiniones "evolucionistas" de la mayoría de los modernos, en lugar de no ver ahí más que simplemente la desviación que en realidad es.

Toda tradición verdadera es esencialmente monoteísta; para hablar de manera más precisa, ella afirma ante todo la unidad del Principio supremo[4], del cual todo deriva y depende por completo, y es esta afirmación la que, en la expresión que especialmente reviste en las tradiciones con forma religiosa, constituye el monoteísmo propiamente dicho; pero, con la reserva de esta explicación necesaria para evitar toda confusión de puntos de vista, podemos en suma ampliar sin inconveniente el sentido del término monoteísmo para aplicarlo a toda afirmación de la unidad principial. Por otra parte, cuando decimos que es monoteísmo lo que necesariamente había en el origen, es evidente que ello no tiene nada en común con la hipótesis de una pretendida "simplicidad primitiva" que sin duda jamás ha existido[5]; por

---

[4] Cuando se trata verdaderamente del Principio supremo, se debería, con todo rigor, hablar de "no-dualidad", situándose la unidad, que, por otra parte, es su consecuencia inmediata, solamente en el nivel del Ser; pero esta distinción, siendo de la mayor importancia desde el punto de vista metafísico, no afecta para nada a lo que aquí hemos dicho y, de la misma manera que podemos generalizar el sentido del término "monoteísmo", también podemos correlativamente, para simplificar el lenguaje, no hablar sino de unidad del Principio.

[5] Cf. Le Régne de la Quantité et les Signes des Temps, cap. XI. Es bastante difícil comprender, por otra parte, cómo algunos pueden a la vez creer en la "simplicidad primitiva" y en el politeísmo original, y no obstante es así: es un curioso ejemplo más de las innumerables contradicciones de

otra parte, basta, para evitar todo equívoco a este respecto, observar que el monoteísmo puede incluir todos los posibles desarrollos acerca de la multiplicidad de los atributos divinos, y también que la angelología, que está estrechamente conectada con esta consideración de los atributos, tal como anteriormente hemos explicado, ocupa efectivamente un lugar importante en las formas tradicionales donde el monoteísmo se afirma de la manera más explícita y rigurosa. No hay aquí pues ninguna incompatibilidad, e incluso la invocación de los ángeles, a condición de considerarlos únicamente como "intermediarios celestes", es decir, en definitiva, según lo que ya hemos expuesto, como representando o expresando tales o cuales aspectos divinos en el orden de la manifestación informal, es perfectamente legítima y normal con respecto al más estricto monoteísmo.

Debemos además señalar también, a este propósito, ciertos abusos del punto de vista "histórico" o supuestamente tal, tan caro a muchos de nuestros contemporáneos, y especialmente en lo que concierne a la teoría de los "préstamos" de la cual ya hemos tenido que hablar en diversas ocasiones. En efecto, muy a menudo hemos visto a algunos autores pretender, por ejemplo, que los Hebreos no conocían la angelología antes de la cautividad de Babilonia y que la copiaron pura y simplemente de los Caldeos; hemos visto a otros sostener que toda angelología, allí donde se encuentre, tiene inevitablemente su origen en el Mazdeísmo. Está claro que

---

la mentalidad moderna.

semejantes aserciones suponen implícitamente que no se trata más que de simples "ideas", en el sentido moderno y psicológico de la palabra, o de concepciones sin fundamento real, cuando, para nosotros como para todos aquellos que se sitúan en el punto de vista tradicional, se trata por el contrario del conocimiento de un determinado orden de realidad; no se ve del todo por qué razón tal conocimiento debería haber sido "copiado" por una doctrina de otra, mientras que se comprende bastante bien que ésta sea, igualmente y del mismo modo, inherente tanto a una como a otra, porque ambas son expresiones de una sola y misma verdad. Conocimientos equivalentes pueden e incluso deben encontrarse en todas partes; y, cuando aquí hablamos de conocimientos equivalentes, queremos decir con ello que en el fondo se trata de los mismos conocimientos, aunque presentados y expresados de maneras diferentes para adaptarse a la particular constitución de tal o cual forma tradicional[6]. Se puede decir en este sentido que la angelología o su equivalente, sea cual sea el nombre por el cual se le designe más especialmente, existe en todas las tradiciones; y, por ofrecer un ejemplo, apenas hay necesidad de recordar que los Dêvas, en la tradición hindú, son en realidad el equivalente exacto de los ángeles en las tradiciones judía, cristiana e islámica. En todos los casos, digámoslo de nuevo, aquello de lo que se trata puede ser definido como siendo la

---

[6] Hemos aludido anteriormente a las relaciones que existen entre la angelología y las lenguas sagradas de las diferentes tradiciones; éste es un ejemplo muy característico de la adaptación de que se trata.

parte de una doctrina tradicional que se refiere a los estados informales o supraindividuales de la manifestación, sea de una manera simplemente teórica, sea con vistas a una realización efectiva de estos estados[7]. Es evidente que esto es algo que, en sí, no tiene la menor relación con un politeísmo cualquiera, incluso aunque, como hemos dicho, el politeísmo pueda no ser sino un resultado de su incomprensión; pero cuando quienes creen que existen tradiciones politeístas hablan de "préstamos" como aquellos de los que hemos ofrecido ejemplos hace un momento, parecen querer sugerir que la angelología no representaría sino una "contaminación" del politeísmo en el propio monoteísmo. Otro tanto valdría decir que, puesto que la idolatría puede surgir de una incomprensión de ciertos símbolos, el propio simbolismo no es más que un derivado de la idolatría; sería éste un caso totalmente similar, y pensamos que esta comparación basta plenamente para hacer aparecer todo el absurdo de tal manera de considerar las cosas.

Para terminar estas observaciones, destinadas a completar nuestro anterior estudio, citaremos este pasaje de Jacob Boehme, quien, con la terminología que le es particular y con una forma quizá algo oscura, como a menudo ocurre en él, nos parece que expresa correctamente las relaciones entre los ángeles y los aspectos divinos: "La creación de los ángeles

---

[7] Se puede citar, como ejemplo del primer caso, la parte de la teología cristiana que se refiere a los ángeles (y, por otra parte, de manera más general, el exoterismo no puede naturalmente situarse aquí más que en el punto de vista teórico), y, como ejemplo del segundo, la "Kábala práctica" en la tradición hebrea.

tiene un comienzo, pero las fuerzas con las cuales han sido creados jamás ha conocido principio, sino que asistieron al nacimiento del eterno comienzo... Han surgido del Verbo revelado, de la naturaleza eterna, tenebrosa, ígnea y luminosa, del deseo de la divina revelación, y han sido transformadas en imágenes "creaturadas" (es decir, fragmentadas en criaturas aisladas)[8]. Y, en otro lugar, Boehme dice todavía: Cada príncipe angélico es una propiedad surgida de la voz de Dios, y lleva el gran nombre de Dios[9]. A. K. Coomaraswamy, citando esta última frase y comparándola con diversos textos que se refieren a los "Dioses" tanto en la tradición griega como en la hindú, añade estas palabras que se adecuan completamente a lo que acabamos de exponer: "Apenas tenemos necesidad de decir que tal multiplicidad de Dioses no es un politeísmo, pues todos son los sujetos angélicos de la Suprema Deidad, de la cual extraen su origen y en la cual, como tan a menudo se nos recuerda, vuelven a ser uno[10]".

---

[8] Mysterium Magnum, VIII, 1.

[9] De Signatura Rerum, XVI, 5. Con respecto a la primera creación, "surgida de la voz de Dios", cf. Aperçus sur l'Initiation, págs. 304-305.

[10] What is Civilitation? en Albert Schweitzer Festschrift. Coomaraswamy menciona también, a propósito de esto, la identificación que Filón establece entre los ángeles y las "Ideas" entendidas en sentido platónico, es decir, en suma, las "Razones Eternas" que están contenidas en el entendimiento divino, o, según el lenguaje de la teología cristiana, en el Verbo considerado en tanto que "lugar de los posibles".

Capítulo III

Espíritu e intelecto*

Se nos ha hecho observar que, mientras que a menudo se afirma que el espíritu no es otro que Atmâ, hay no obstante casos en que este mismo espíritu parece identificarse solamente con Buddhi; ¿no hay ahí algo contradictorio? No bastaría con ver en ello una simple cuestión de terminología, pues, si así fuera, uno podría muy bien no detenerse aquí y aceptar indistintamente los múltiples sentidos más o menos vagos y abusivos dados vulgarmente a la palabra "espíritu", mientras que, por el contrario, siempre nos hemos esforzado en descartarlos cuidadosamente; y la insuficiencia demasiado evidente de las lenguas occidentales, en lo que concierne a la expresión de las ideas de orden metafísico, no nos debe ciertamente impedir la adopción de todas las precauciones necesarias para evitar confusiones. Lo que justifica esos dos empleos de una misma palabra es, digámoslo de pasada, la correspondencia que existe entre diferentes "niveles" de realidad, y que hace posible la transposición de ciertos términos de uno a otro de

---

* Artículo aparecido originalmente en "Etudes Traditionnelles", julio-agosto de 1947.

estos niveles.

El caso de que se trata es en suma comparable al de la palabra "esencia", que también es susceptible de aplicarse de varias maneras diferentes. En tanto que es correlativa de "substancia", designa propiamente, desde el punto de vista de la manifestación universal, a Purusha considerado en relación con Prakriti; pero también puede ser transpuesta más allá de esta dualidad, y así es forzosamente cuando se habla de la "Esencia divina", incluso si, como ocurre lo más frecuentemente en Occidente, quienes emplean esta expresión no van en su concepción de la Divinidad más allá del Ser puro[11]. Del mismo modo, se puede hablar de la esencia de un ser como complementaria de su substancia, pero también se puede designar como la esencia lo que constituye la realidad última, inmutable e incondicionada de este ser; y la razón está en que la primera no es en definitiva otra cosa que la expresión de la segunda con respecto a la manifestación. Ahora bien, si se dice que el espíritu de un ser es lo mismo que su esencia, puede también entenderse en cualquiera de estos dos sentidos; y, si uno se sitúa en el punto de vista de la realidad absoluta, el espíritu o la esencia no es ni puede ser evidentemente sino Atmâ. Pero es preciso señalar que Atmâ, comprendiendo en sí y principialmente toda realidad, no puede por ello mismo entrar en correlación con nada; así, desde el momento en que se trata de los

---

[11] El empleo del término Purushottama, en la tradición hindú, implica precisamente la misma transposición con respecto a lo que designa Purusha en su sentido más habitual.

principios constitutivos de un ser en sus estados condicionados, lo que se considera como espíritu, por ejemplo, en el ternario "espíritu, alma, cuerpo", no puede ser ya el Atmâ incondicionado, sino lo que en cierto modo lo representa de forma más directa en la manifestación. Podríamos añadir que ya no es siquiera la esencia correlativa de la substancia, pues, si es verdad que es en relación con la manifestación como debe ser considerada, no está sin embargo en la manifestación; luego no podrá ser propiamente sino el primero y más elevado de todos los principios manifestados, es decir, Buddhi.

Es preciso también, desde el momento que nos situamos en el punto de vista de un estado de manifestación tal como el estado individual humano, hacer aquí intervenir lo que podría llamarse una cuestión de "perspectiva": así, cuando hablamos de lo universal distinguiéndolo de lo individual, debemos en ello comprender no solamente a lo no-manifestado, sino también a todo lo que, en la propia manifestación, es de orden supra-individual, es decir, la manifestación informal, a la cual pertenece esencialmente Buddhi. Del mismo modo, al comprender la individualidad como tal el conjunto de los elementos psíquicos y corporales, no podemos designar sino como espirituales a los principios trascendentes con respecto a esta individualidad, el cual es precisamente además el caso de Buddhi o del intelecto; es la razón de que podamos decir, como a menudo hemos hecho, que, para nosotros, la intelectualidad pura y la espiritualidad son en el fondo sinónimos; y, por otra parte, el propio intelecto es susceptible también de una transposición del género de aquellas de las que se ha tratado anteriormente, puesto que en general no se advierte ninguna dificultad en hablar del "Intelecto divino". Indicaremos todavía a propósito de ello que, aunque los gunas sean inherentes a Prakriti, no puede considerarse a sattwa sino como una tendencia espiritual (o, si se prefiere, "espiritualizante"), puesto que es la tendencia que orienta al ser hacia los estados superiores; ésta es, en suma, una consecuencia de la misma "perspectiva" que hace aparecer a los estados supra-individuales como grados intermedios entre el estado humano y el estado incondicionado, a pesar de que, entre éste y un estado condicionado cualquiera, aunque sea el más elevado de todos, no haya realmente ninguna medida común.

Conviene insistir muy particularmente en la naturaleza esencialmente supra-individual del intelecto puro; por otra parte, sólo lo que pertenece a este orden puede ser verdaderamente llamado "trascendente", no pudiendo normalmente este término aplicarse sino a lo que está más allá del dominio individual. El intelecto jamás está por tanto individualizado; esto se corresponde aún con lo que se puede expresar, desde el punto de vista más especial del mundo corporal, diciendo que sean cuales puedan ser las apariencias, el espíritu jamás está realmente "encarnado", lo que por lo demás es igualmente cierto en todas las acepciones que de la palabra "espíritu" pueden legítimamente tomarse[12]. Resulta

---

[12] Incluso podría decirse que es esto lo que señala, de una manera absolutamente general, la

de ello que la distinción existente entre el espíritu y los elementos de orden individual es mucho más profunda que todas aquellas que pueden establecerse entre estos últimos, y especialmente entre los elementos psíquicos y los corporales, es decir, entre los que respectivamente pertenecen a la manifestación sutil y a la manifestación grosera, que en suma no son sino modalidades de la manifestación formal[13].

Pero eso no es todo: no solamente Buddhi, en tanto que es la primera de las producciones de Prakriti, constituye el vínculo entre todos los estados de manifestación, sino que, por otro lado, si se consideran las cosas a partir del orden principial, aparece como el rayo luminoso directamente emanado del Sol espiritual, que es el propio Atmâ; se puede decir entonces que es también la primera manifestación de Atmâ[14], aunque debe quedar bien claro que, en sí, no pudiendo éste ser afectado o modificado por ninguna contingencia, permanece siempre no manifestado[15]. Ahora bien, la luz es esencialmente una y de igual naturaleza tanto en el Sol como en sus rayos, que no se distinguen de él sino

---

distinción más clara e importante entre estas acepciones y los sentidos ilegítimos que muy a menudo son atribuidos a esta misma palabra.

[13] Es también la razón de que, en rigor, el hombre no pueda hablar de "su espíritu" del mismo modo que habla de "su alma" o de "su cuerpo", implicando el posesivo que se trata de un elemento que propiamente pertenece al "yo", es decir, de orden individual. En la división ternaria de los elementos del ser el individuo como tal está compuesto de alma y de cuerpo, mientras que el espíritu (sin el cual no podría por otra parte existir en modo alguno) es trascendente con respecto a él.

[14] Cf. La Grande Triade, pág. 80, nota 2.

[15] Es, según la fórmula upanishádica, "aquello por lo cual todo es manifestado, y que en sí mismo no es manifestado".

en modo ilusorio con respecto al propio Sol (aunque esta distinción no sea menos real para el ojo que percibe estos rayos, y que aquí representa al ser situado en la manifestación)[16]; en razón de esta "con-naturalidad" esencial, Buddhi no es, pues, en definitiva más que la expresión misma de Atmâ en la manifestación. Este rayo luminoso que une a todos los estados entre sí es además simbólicamente representado como el "aliento" por el cual ellos subsisten, lo que, se observará, es estrictamente conforme al sentido etimológico de las palabras que designan al espíritu (sea el latín spiritus o el griego pneuma); y, tal como ya hemos explicado en otras ocasiones, es propiamente el sûtrâtmâ, lo que significa entonces que en realidad es Atmâ mismo, más precisamente, la apariencia que adopta Atmâ cuando, en lugar de no considerar más que el Principio supremo (que estaría así representado como el Sol conteniendo en sí mismo todos sus rayos en estado "indistinguido"), se consideran también los estados de manifestación, no siendo, por lo demás, esta apariencia, en tanto que parece dar al rayo una existencia distinta de su origen, sino debida al punto de vista de los seres que están situados en esos estados, pues es evidente que la "exterioridad" de éstos con respecto al Principio no puede ser más que puramente ilusoria.

La conclusión que inmediatamente resulta de ello es que,

---

[16] Se sabe que la luz es el símbolo tradicional de la naturaleza del espíritu; hemos hecho notar en otro lugar que igualmente se encuentran, a este respecto, las expresiones de "luz espiritual" y de "luz inteligible", como si en cierto modo fueran sinónimas, lo que implica manifiestamente una asimilación entre el espíritu y el intelecto.

en tanto que el ser esté, no solamente en el estado humano, sino en un estado manifestado cualquiera, individual o supra-individual, no puede haber para él ninguna diferencia efectiva entre el espíritu y el intelecto, ni, en consecuencia, entre la espiritualidad y la intelectualidad verdaderas. En otros términos, para alcanzar el objetivo supremo y final, no hay otra vía para este ser más que el rayo mismo por el cual está unido al Sol espiritual; cualquiera que pueda ser la aparente diversidad de las vías que existen en el punto de partida, todas deben unificarse tarde o temprano en esa única vía "axial"; y, cuando el ser haya seguido ésta hasta el final, "entrará en su propio Sí", fuera del cual jamás ha sido más que ilusoriamente, puesto que este "Sí", al que analógicamente se designa espíritu, esencia o con cualquier otro nombre, es idéntico a la Realidad Absoluta en la cual está todo contenido, es decir, al Atmâ supremo e incondicionado.

CAPÍTULO IV

LAS IDEAS ETERNAS[*]

En el capítulo anterior hemos hecho notar, a propósito de la asimilación entre espíritu e intelecto, que no hay ninguna dificultad en hablar del "Intelecto divino", lo que evidentemente implica una transposición de este término más allá del dominio de la manifestación; pero este punto merece que nos detengamos en él, pues es aquí donde en definitiva se encuentra el fundamento mismo de la asimilación de que se trata. Observaremos entonces que, incluso a este respecto, uno puede situarse en niveles diferentes, según se detenga en la consideración del Ser o de lo que está más allá del Ser; pero, por otra parte, es evidente que, cuando los teólogos consideran al Intelecto divino o al Verbo como el "lugar de los posibles", no tienen in mente sino únicamente a las posibilidades de manifestación, que, como tales, están comprendidas en el Ser; la transposición que permite pasar de éste al Principio supremo, ya no depende del dominio de la teología, sino sólo del de la metafísica pura.

[*] "Etudes Traditionnelles", París, septiembre de 1947.

Se podría cuestionar si hay identidad entre esta concepción del Intelecto divino y la del "mundo inteligible" de Platón, o, con otras palabras, si las "ideas" entendidas en sentido platónico son lo mismo que aquellas que están eternamente contenidas en el Verbo. En ambos casos, se trata de los "arquetipos" de los seres manifestados; sin embargo, puede parecer que, de manera inmediata al menos, el "mundo inteligible" corresponda al orden de la manifestación informal antes que al del Ser puro, es decir, que, según la terminología hindú, sería Buddhi, considerado en lo Universal, más bien que Atmâ, incluso con la restricción que implica para éste el hecho de sólo atenerse a la consideración del Ser. Está claro que ambos puntos de vista son perfectamente legítimos[17]; pero si es así, las "ideas" platónicas no pueden ser propiamente llamadas "eternas", pues este término no podría aplicarse a nada que perteneciera a la manifestación, aunque fuera en su grado más elevado y más próximo al Principio, mientras que las "ideas" contenidas en el Verbo son necesariamente eternas como él, siendo todo lo que es de orden principial absolutamente permanente e inmutable y no admitiendo ninguna clase de sucesión[18]. A

---

[17] Quizá no deje de tener interés observar que la "idea" o el "arquetipo" considerado en el orden de la manifestación informal y en relación con cada ser, se corresponde en el fondo, aunque bajo una forma de expresión diferente, con la concepción católica del "ángel guardián".

[18] No establecemos aquí ninguna distinción entre el dominio del Ser y lo que está más allá de éste, pues es evidente que las posibilidades de manifestación consideradas más especialmente en tanto que están comprendidas en el Ser no difieren realmente en nada de estas mismas posibilidades en tanto que están contenidas, con todas las demás, en la Posibilidad total; toda la diferencia está solamente en el punto de vista o en el "nivel" en el cual nos situemos, según se considere o no la relación entre estas posibilidades y la propia manifestación.

pesar de ello, nos parece muy probable que el paso de uno a otro de estos puntos de vista debía de ser siempre posible para el propio Platón, como lo es en realidad; ya no insistiremos más en ello, prefiriendo dejar a otros el trabajo de examinar más atentamente esta última cuestión, cuyo interés en suma es más histórico que doctrinal.

Lo que es bastante extraño es que algunos parecen considerar a las ideas eternas como simples "virtualidades" con respecto a los seres manifestados de los que son los "arquetipos" principiales; hay aquí una ilusión que sin duda se debe ante todo a la vulgar distinción entre lo "posible" y lo "real", distinción que, como ya hemos explicado en otro lugar[19], no podría poseer el menor valor desde el punto de vista metafísico. Esta ilusión es tanto más grave cuanto que entraña una verdadera contradicción, y es difícil comprender que no se haga evidente; en efecto, no puede haber nada virtual en el Principio, sino, muy al contrario, la permanente actualidad de todo en un "eterno presente", y es esta misma actualidad lo que constituye el único fundamento real de toda existencia. Sin embargo, hay quienes llevan tan lejos el error que parecen no considerar a las ideas eternas sino como una especie de imágenes (lo que, notémoslo de pasada, implica todavía otra contradicción al pretender introducir algo formal hasta en el Principio), que no tienen ya con los propios seres una relación más efectiva que la que puede tener su imagen reflejada en un espejo; ésa es, propiamente hablando, una

---

[19] Ver Les Etats multiples de l'être, cap. II.

~ 52 ~

completa inversión de las relaciones entre el Principio y la manifestación, y la cosa es demasiado evidente como para tener necesidad de más amplias explicaciones. La verdad está con seguridad muy alejada de todas estas concepciones erróneas: la idea de que se trata es el principio mismo del ser, es decir, lo que conforma toda su realidad, y sin el cual no sería más que una pura nada; sostener lo contrario significa cortar toda unión entre el ser manifestado y el Principio, y, si al mismo tiempo se atribuye a este ser una existencia real, esta existencia, se quiera o no, no podrá sino ser independiente del Principio, de manera que, como ya hemos dicho en otra ocasión[20], se desemboca así inevitablemente en el error de la "asociación". Desde el momento en que se reconoce que la existencia de los seres manifestados, con todo lo que tiene de realidad positiva, no puede ser más que una "participación" del ser principial, no podría subsistir la menor duda acerca de esto; si se admitiera a la vez esta "participación" y la pretendida "virtualidad" de las ideas eternas, aún habría otra contradicción más. De hecho, lo que es virtual no es nuestra realidad en el Principio, sino solamente la conciencia que podemos tener de ella en tanto que seres manifestados, lo que evidentemente es muy distinto; y no es sino por la realización metafísica como puede hacerse efectiva esta conciencia de lo que es nuestro verdadero ser, fuera y más allá de todo "devenir", es decir, no la conciencia de algo que en cierto modo pasaría por ello de la "potencia" al "acto", sino más bien

---

[20] Ver "Las raíces de las plantas", en Symboles de la Science Sacrée, cap. LXII.

de lo que, en el sentido más absolutamente real que pueda haber, somos principial y eternamente.

Ahora, para relacionar lo que acabamos de decir de las ideas eternas con lo que se refiere al intelecto manifestado, es preciso naturalmente volver a la doctrina del sûtrâtmâ, sea cual sea, por otra parte, la forma en la cual se exprese, pues los diferentes simbolismos empleados tradicionalmente a este respecto son en el fondo perfectamente equivalentes. Así, retomando la representación a la cual ya hemos recurrido anteriormente, se podrá decir que el Intelecto divino es el Sol espiritual, mientras que el intelecto manifestado es un rayo del mismo[21]; no puede haber más discontinuidad entre el Principio y la manifestación que la que hay entre el Sol y sus rayos[22]. Es entonces por el intelecto como todo ser, en todos sus estados de manifestación, está directamente vinculado con el Principio, y ello porque el Principio, en tanto que contiene eternamente la "verdad" de todos los seres, no es él mismo sino el Intelecto divino[23].

---

[21] Este rayo será además, en realidad, único en tanto que Buddhi sea considerado en lo Universal (y entonces es el "pie único del Sol", del que también se habla en la tradición hindú), pero se multiplicará indefinidamente en apariencia con respecto a los seres particulares (el rayo sushumna por el cual cada ser, en cualquier estado en que esté situado, está unido de manera permanente con el Sol espiritual).

[22] Son estos rayos los que, según el simbolismo que en otro lugar hemos expuesto, realizan la manifestación al "medirla" con su extensión efectiva a partir del Sol (ver Le Régne de la Quantité et les Signes des Temps, cap. III).

[23] En términos de la tradición islámica, el-haqiqah o la "verdad" de cada ser, sea cual sea, reside en el Principio divino en tanto que él mismo es El-Haqq o la "Verdad" en sentido absoluto.

CAPÍTULO V

SILENCIO Y SOLEDAD[*]

E ntre los indios de América del Norte, y en todas las tribus sin excepción, existe, además de los ritos de distinto género que tienen un carácter colectivo, la práctica de una adoración solitaria y silenciosa, que se considera es la más profunda y de orden más elevado[24]. Los ritos colectivos, en efecto, tienen siempre, en un grado u otro, algo de relativamente exterior; decimos en un grado u otro, porque, respecto a esto, es necesario naturalmente, en ella como en cualquier otra tradición, establecer una diferencia entre los ritos que podrían calificarse de exotéricos, es decir aquellos en los que todos participan indistintamente, y los ritos iniciáticos. Bien entendido, por lo demás, que lejos de excluir estos ritos o de oponérseles de alguna manera, la adoración de que se trata solamente se les superpone como

---

[*] Publicado en "Etudes Traditionnelles", marzo de 1949.

[24] Las informaciones que aquí utilizamos están tomadas principalmente de la obra del Sr. Paul Conze L'Oiseau Tonnerre, de donde igualmente extraemos nuestras citas. Este autor da prueba de una notable simpatía con respecto a los indios y a su tradición; la única reserva que habría que hacerle, es que parece fuertemente influenciado por las concepciones "metapsiquistas", lo que afecta visiblemente a algunas de sus interpretaciones y en especial entraña a veces cierta confusión entre lo psíquico y lo espiritual; pero esta consideración no tiene por lo demás que intervenir en la cuestión de la que nos ocupamos aquí.

siendo en cierto modo de otro orden; e incluso hay enteramente ocasión para pensar que para ser verdaderamente eficaz y producir unos resultados efectivos, debe presuponer la iniciación como una condición necesaria[25].

A propósito de esta adoración, se ha hablado en ocasiones de "plegaria" pero eso es evidentemente inexacto, porque no hay en ella ninguna petición, de cualquier naturaleza que ésta pudiera ser; las plegarias que generalmente se formulan en cantos rituales no pueden dirigirse, por otro lado, más que a las diversas manifestaciones divinas[26], y vamos a ver que es de otra cosa de lo que aquí se trata en realidad. Ciertamente, sería mucho más justo hablar de "encantación", tomando este término en el sentido que hemos definido en otro lugar[27]; podría igualmente decirse que es una "invocación", entendiéndola en un sentido exactamente comparable al del dhikr en la tradición islámica, pero precisando que se trata esencialmente de una invocación silenciosa y completamente interior[28]. He aquí lo que con respecto a ella escribe Ch.

---

[25] Es evidente que, aquí como siempre, entendemos la iniciación exclusivamente en su verdadero sentido, y no cuando los etnólogos abusivamente emplean esta palabra cuando designan los ritos de agregación a la tribu; habría que tener mucho cuidado en distinguir claramente estas dos cosas, ya que de hecho existen ambas entre los Indios.

[26] Estas manifestaciones divinas parecen estar, en la tradición de los indios, repartidas lo más habitualmente según una división cuaternaria, conforme a un simbolismo cosmológico que se aplica a la vez a los dos puntos de vista macrocósmico y microcósmico.

[27] Ver Aperçus sur l'Initiation, cap. XXIV.

[28] No carece de interés señalar a ese respecto que ciertas turuq islámicas, en particular la de los Naqshbandiyah, practican asimismo un dhikr silencioso.

Eastman[29]: "La adoración del Gran Misterio era silenciosa, solitaria, sin complicación interior; era silenciosa porque todo discurso es necesariamente débil e imperfecto, también las almas de nuestros antepasados alcanzaban a Dios en una oración sin palabras; era solitaria porque pensaban que Dios está más cerca de nosotros en la soledad, y los sacerdotes no estaban allí para servir de intermediarios entre el hombre y el Creador[30]." No puede, en efecto, haber intermediarios en semejante caso, puesto que esta adoración tiende a establecer una comunicación directa con el Principio supremo, que es designado aquí como el "Gran Misterio".

No solamente no es sino en y por el silencio que esta comunicación puede obtenerse, ya que el "Gran Misterio" está más allá de toda forma y de toda expresión, sino que el silencio mismo "es el Gran Misterio"; ¿cómo hay que entender exactamente esta afirmación? Primero, puede recordarse a este respecto que el verdadero "misterio" es esencial y exclusivamente lo inexpresable, que no puede evidentemente ser representado más que por el silencio[31]; pero, además, siendo el "Gran Misterio" lo no manifestado, el mismo silencio, que es propiamente un estado de no-

---

[29] Ch. Eastman, citado por Paul Coze, es un Sioux de origen, que parece, a pesar de una educación "blanca", haber conservado bien la conciencia de su propia tradición; tenemos por otro lado razones para pensar que tal caso está en realidad lejos de ser tan excepcional como se podría creer ateniéndose ciertas apariencias totalmente exteriores.

[30] El último término, cuyo empleo sin duda se debe aquí únicamente a los hábitos del lenguaje europeo, no es ciertamente exacto si se quiere ir al fondo de las cosas, ya que, en realidad, el "Dios creador" no puede hallarse propiamente más que entre los aspectos manifestados de lo Divino.

[31] Ver Aperçus sur l'Initiation, cap. XVII.

manifestación, es por ello como una participación o una conformidad con la naturaleza del Principio supremo. Por otra parte, el silencio, referido al Principio, es, podría decirse, el Verbo no proferido; por ello, "el silencio sagrado es la voz del Gran Espíritu", en tanto que éste es identificado con el Principio mismo[32]; y esta voz, que corresponde a la modalidad principal del sonido que la tradición hindú designa como parâ o no manifestada[33], es la respuesta a la llamada del ser en adoración: llamada y respuesta son igualmente silenciosas, siendo ambas una aspiración y una iluminación puramente interiores.

Para que esto sea así, es necesario además que el silencio sea en realidad algo más que la simple ausencia de toda palabra o de todo discurso, aunque fuesen formulados solamente de manera enteramente mental; en efecto, ese silencio es esencialmente para los Indios "el perfecto equilibrio de las tres partes del ser", es decir, de lo que, en la terminología occidental, puede designarse como el espíritu, el alma y el cuerpo, pues el ser todo entero, en todos los elementos que lo constituyen, debe participar en la adoración para que pueda obtenerse un resultado plenamente válido. La necesidad de esta condición de equilibrio es fácil de comprender, pues el equilibrio es, en la manifestación misma, como la imagen o el reflejo de la indistinción principial de lo

---

[32] Hacemos esta restricción porque, en algunos casos, la expresión de "Gran Espíritu", o lo que se traduce así, aparece también como siendo solamente la designación particular de una de las manifestaciones divinas.

[33] Cf. Aperçus sur l'Initiation, cap. XLVII.

no manifestado, indistinción que está asimismo bien representada por el silencio, de suerte que de ningún modo hay motivo para sorprenderse de la asimilación que así se establece entre éste y el equilibrio[34].

En cuanto a la soledad, conviene ante todo destacar que su asociación con el silencio es en cierta manera normal e incluso necesaria, y que, hasta en presencia de otros seres, aquél que hace en sí el silencio perfecto, forzosamente se aísla de ellos por eso mismo; por lo demás, silencio y soledad también se hallan implicados ambos igualmente en la significación del término sánscrito mauna, que es sin duda, en la tradición hindú, el que se aplica más exactamente a un estado como aquél del que hablamos en este momento[35]. La multiplicidad, siendo inherente a la manifestación, y acentuándose tanto más, si puede decirse, cuanto más se desciende a grados inferiores de ésta, aleja pues necesariamente de lo no manifestado; también el ser que quiere ponerse en comunicación con el Principio debe ante todo hacer la unidad en él mismo, tanto como sea posible, mediante la armonización y el equilibrio de todos sus elementos, y debe también, al mismo tiempo, aislarse de toda multiplicidad exterior a él. La unificación así realizada, incluso si no es todavía más que relativa en la mayor parte de los casos, no deja de ser, según la medida de las posibilidades

---

[34] Apenas hay necesidad de recordar que la indistinción principial de la que aquí se trata nada tiene en común con lo que también puede designarse con la misma palabra incluso tomada en un sentido inferior, queremos decir, la pura potencialidad indiferenciada de la materia prima.

[35] Cf. L'Homme et son devenir selon le Vêdânta, 3ª edición, cap. XXIII.

actuales del ser, cierta conformidad con la "no dualidad" del Principio; y, en el límite superior, el aislamiento toma el sentido del término sánscrito kaivalya, que, expresando al mismo tiempo las ideas de perfección y de totalidad, llega, cuando posee toda la plenitud de su significación, a designar el estado absoluto e incondicionado, aquel del ser que ha arribado a la Liberación final.

En un grado mucho menos elevado que ése, y que incluso no pertenece todavía más que a las fases preliminares de la realización, puede señalarse lo siguiente: allí donde necesariamente hay dispersión, la soledad, en tanto que se opone a la multiplicidad y que coincide con cierta unidad, es esencialmente concentración; y ya se sabe qué importancia se da efectivamente a la concentración en todas las doctrinas tradicionales sin excepción, en tanto que medio y condición indispensable de cualquier realización. Nos parece poco útil el insistir más sobre este último punto, pero hay otra consecuencia sobre la cual todavía tenemos que llamar más particularmente la atención para terminar: y es que el método del cual tratamos, en razón de que se opone a toda dispersión de las potencias del ser, excluye el desarrollo separado y más o menos desordenado de tales o cuales de sus elementos, y en particular el de los elementos psíquicos cultivados en cierto modo por ellos mismos, desarrollo que es contrario siempre a la armonía y al equilibrio del conjunto. Para los Indios, según el Sr. Paul Coze, "parece que, para desarrollar el orenda[36], intermediario entre lo material y lo espiritual, sea necesario ante todo dominar la materia y tender a lo divino"; ello en suma equivale a decir que no consideran legítimo abordar el dominio psíquico más que "por lo alto", no obteniéndose resultados de este orden sino de una manera muy accesoria y como "por añadidura", lo que en efecto es el único medio de evitar sus peligros; y, añadiremos, ello está sin duda tan lejos como es posible de la vulgar "magia" que demasiado a menudo se les ha atribuido, y que es incluso todo lo que se ha creído ver entre ellos por parte de observadores profanos y superficiales, sin duda porque ellos mismos no tenían la menor noción de lo que puede ser la verdadera espiritualidad.

---

[36] Esta palabra orenda pertenece propiamente a la lengua de los Iroqueses, pero, en las obras europeas, se tiene el hábito, para mayor simplicidad, de emplearla uniformemente en lugar de todos los demás términos de igual significado que se encuentran entre los diferentes pueblos indios: lo que designa es el conjunto de todas las diferentes modalidades de la fuerza psíquica y vital; es por tanto, casi exactamente el equivalente del prâna de la tradición hindú y del k'i de la tradición extremo oriental.

René Guénon

Capítulo VI

"Conócete a ti mismo"[*]

Habitualmente se cita esta frase: "Conócete a ti mismo", pero a menudo se pierde de vista su sentido exacto. A propósito de la confusión que reina con respecto a estas palabras, pueden plantearse dos cuestiones: la primera concierne al origen de esta expresión, la segunda a su sentido real y a su razón de ser. Algunos lectores podrían creer que ambas cuestiones son completamente distintas y que no tienen entre sí ninguna relación. Tras una reflexión y un examen atento, claramente aparece que mantienen una estrecha conexión.

Si se les pregunta a quienes han estudiado la filosofía griega quién fue el hombre que pronunció primero esta sabia frase, la mayoría de ellos no dudará en responder que el autor de esta máxima es Sócrates, aunque algunos pretenden referirla a Platón y otros a Pitágoras. De estos pareceres contradictorios, de estas divergencias de opinión, estamos en nuestro derecho de concluir que esta frase no tiene por autor a ninguno de los filósofos mencionados, y que no es en ellos

[*] Artículo publicado en árabe en la revista Al-Maa'rifah, n°1, El Cairo, mayo de 1931.

donde habría que buscar su origen. Nos parece lícito formular esta advertencia, que parecerá justa al lector cuando sepa que dos de estos filósofos, Pitágoras y Sócrates, no dejaron ningún escrito.

En cuanto a Platón, nadie, sea cual sea su competencia filosófica, está en situación de distinguir qué fue dicho por él o por su maestro Sócrates. La mayor parte de la doctrina de este último no nos es conocida más que por mediación de Platón, y, por otra parte, se sabe que es en la enseñanza de Pitágoras donde Platón recogió ciertos conocimientos de los que hace gala en sus diálogos. Con ello, vemos que es extremadamente difícil delimitar lo que corresponde a cada uno de estos tres filósofos. Lo que se atribuye a Platón a menudo es también atribuido a Sócrates, y, entre las teorías consideradas, algunas son anteriores a ambos y provienen de la escuela de Pitágoras o de él mismo.

Verdaderamente, el origen de la expresión estudiada se remonta mucho más allá de los tres filósofos mencionados. Mejor aún: es más antigua que la historia de la filosofía, y supera también el dominio de la filosofía. Se dice que estas palabras estaban inscritas en la puerta de Apolo en Delfos. Posteriormente fueron adoptadas por Sócrates, así como por otros filósofos, como uno de los principios de su enseñanza, a pesar de la diferencia que haya podido existir entre estas diversas enseñanzas y los fines perseguidos por sus autores. Es probable, por lo demás, que también Pitágoras haya empleado esta expresión mucho antes que Sócrates. Con ello, estos filósofos se proponían demostrar que su enseñanza no era estrictamente personal, que provenía de un punto de partida más antiguo, de un punto de vista más elevado que se confundía con la fuente misma de la inspiración original, espontánea y divina.

Comprobamos que estos filósofos eran, por ello, muy diferentes a los filósofos modernos, que despliegan todos sus esfuerzos para expresar algo nuevo, a fin de ofrecerlo como la expresión de su propio pensamiento, de erigirse como los únicos autores de sus opiniones, como si la verdad pudiera ser propiedad de alguien.

Veremos ahora porqué los filósofos antiguos quisieron vincular su enseñanza con esta expresión o con alguna similar, y porqué puede decirse que esta máxima es de un orden superior a toda filosofía.

Para responder a la segunda parte de esta cuestión, diremos que la solución está contenida en el sentido original y etimológico de la palabra "filosofía", que habría sido, se dice, empleada por primera vez por Pitágoras. La palabra filosofía expresa propiamente el hecho de amar a Sophia, la sabiduría, la aspiración a ésta o la disposición requerida para adquirirla.

Esta palabra siempre ha sido empleada para calificar una preparación a esa adquisición de la sabiduría, y especialmente los estudios que podían ayudar al philosophos, o a aquel que experimentaba por ella alguna tendencia, a convertirse en sophos, es decir, en sabio.

Así, como el medio no podría ser tomado por un fin, el amor a la sabiduría no podría constituir la sabiduría misma. Y debido a que la sabiduría es en sí idéntica al verdadero conocimiento interior, se puede decir que el conocimiento filosófico no es sino un conocimiento superficial y exterior. No posee en sí mismo, ni por sí mismo, un valor propio. Solamente constituye un grado preliminar en la vía del conocimiento superior y verdadero, que es la sabiduría.

Es muy conocido por quienes han estudiado a los filósofos antiguos que éstos tenían dos clases de enseñanza, una exotérica y otra esotérica. Todo lo que estaba escrito pertenecía solamente a la primera. En cuanto a la segunda, nos es imposible conocer exactamente su naturaleza, ya que por un lado estaba reservada a unos pocos, y, por otro, tenía un carácter secreto. Ambas cualidades no hubieran tenido ninguna razón de ser si no hubiera habido ahí algo superior a la simple filosofía.

Puede al menos pensarse que esta enseñanza esotérica estaba en estrecha y directa relación con la sabiduría y que no apelaba tan sólo a la razón o a la lógica, como es el caso para la filosofía, que por ello ha sido llamada "el conocimiento racional". Los filósofos de la Antigüedad admitían que el conocimiento racional, es decir, la filosofía, no era el más alto grado del conocimiento, no era la sabiduría.

¿Acaso la sabiduría puede ser enseñada del mismo modo

que el conocimiento exterior, por la palabra o mediante libros? Ello es realmente imposible, y veremos la razón. Lo que podemos afirmar desde ahora es que la preparación filosófica no es suficiente, ni siquiera como preparación, pues no concierne más que a una facultad limitada, que es la razón, mientras que la sabiduría concierne a la realidad del ser al completo.

De modo que existe una preparación a la sabiduría más elevada que la filosofía, que no se dirige a la razón, sino al alma y al espíritu, y a la que podemos llamar preparación interior; éste parece haber sido el carácter de los más altos grados de la escuela de Pitágoras. Ha ejercido su influencia a través de la escuela de Platón y hasta el neo-platonismo de la escuela de Alejandría, donde apareció de nuevo claramente, así como entre los neo-pitagóricos de la misma época. Si para esta preparación interior se empleaban también palabras, éstas no podían ser ya tomadas sino como símbolos destinados a fijar la contemplación interior.

Mediante esta preparación, el hombre es llevado a ciertos estados que le permiten superar el conocimiento racional al que había llegado anteriormente, y como todo esto está muy por encima de la razón, está también muy por encima de la filosofía, puesto que la palabra filosofía siempre es empleada de hecho para designar algo que sólo pertenece a la razón.

No obstante, es asombroso que los modernos hayan llegado a considerar a la filosofía, así definida, como si fuera completa en sí misma, y olvidan así lo más elevado y superior.

La enseñanza esotérica fue conocida en los países de Oriente antes de propagarse en Grecia, donde recibió el nombre de "misterios". Los primeros filósofos, en particular Pitágoras, vincularon a ellos su enseñanza, como no siendo sino una expresión nueva de ideas antiguas.

Existían numerosas clases de misterios con orígenes diversos. Aquellos en los que se inspiraron Pitágoras y Platón estaban en relación con el culto de Apolo. Los "misterios" tuvieron siempre un carácter reservado y secreto, significando etimológicamente la propia palabra "misterios", silencio total, no pudiendo ser expresadas mediante palabras las cosas a las cuales se referían, sino tan sólo enseñadas por una vía silenciosa. Pero los modernos, al ignorar cualquier otro método distinto al que implica el uso de la palabra, al cual podemos llamar el método de la enseñanza exotérica, han creído erróneamente, a causa de ello, que no había aquí ninguna enseñanza.

Podemos afirmar que esta enseñanza silenciosa usaba figuras, símbolos y otros medios que tenían por objetivo conducir al hombre a estados interiores, permitiéndole llegar gradualmente al conocimiento real o a la sabiduría. Tal era el objetivo esencial y final de todos los "misterios" y de otras cosas semejantes que pueden encontrarse en diferentes lugares.

En cuanto a los "misterios" que estaban especialmente vinculados al culto de Apolo y al propio Apolo, es preciso recordar que éste era el dios del sol y de la luz, siendo ésta en su sentido espiritual la fuente de donde brota todo conocimiento y de la que derivan las ciencias y las artes.

Se dice que los ritos de Apolo llegaron del Norte y esto se refiere a una tradición muy antigua, que se encuentra en Libros sagrados como el Vêda hindú y el Avesta persa. Este origen nórdico era incluso afirmado más especialmente para Delfos, que pasaba por ser un centro espiritual universal; y había en su templo una piedra llamada omphalos que simbolizaba el centro del mundo.

Se piensa que la historia de Pitágoras, e incluso su propio nombre, poseen cierta relación con los ritos de Apolo. Éste era llamado Pythios, y se dice que Pytho era el nombre original de Delfos. La mujer que recibía la inspiración de los Dioses en el templo era llamada Pythia. El nombre de Pitágoras significa entonces "guía de la Pythia", lo cual se aplica al propio Apolo. Se cuenta además que fue la Pythia quien declaró que Sócrates era el más sabio de los hombres. Parece entonces que Sócrates estuvo relacionado con el centro espiritual de Delfos, al igual que Pitágoras.

Añadiremos que si bien todas las ciencias eran atribuidas a Apolo, esto era incluso más especialmente en cuanto a la geometría y la medicina. En la escuela pitagórica, la geometría y todas las ramas de las matemáticas ocupaban el primer lugar en la preparación al conocimiento superior. Con respecto a este conocimiento, estas ciencias no eran dejadas de lado, sino que, por el contrario, eran empleadas como símbolos de la verdad espiritual. También Platón consideraba a la geometría como una preparación indispensable a toda otra enseñanza, y había inscrito sobre la puerta de su escuela estas palabras: "Nadie entre aquí si no es geómetra". Se comprende el sentido de estas palabras cuando se las refiere a otra fórmula del mismo Platón: "Dios hace siempre geometría", ya que, hablando de un Dios geómetra, Platón aludía a Apolo.

No debe asombrar que los filósofos de la Antigüedad hayan empleado la frase inscrita en la entrada del templo de Delfos, puesto que conocemos ahora los vínculos que los unían a los ritos y al simbolismo de Apolo.

Después de todo esto, fácilmente podemos comprender el sentido real de la frase estudiada aquí y el error de los modernos a este respecto. Este error deriva de que ellos han considerado esta frase como una simple sentencia de un filósofo, a quien atribuyen siempre un pensamiento comparable al suyo. Pero, en realidad, el pensamiento antiguo difería profundamente del pensamiento moderno. Así, muchos atribuyen a esta frase un sentido psicológico; pero lo que ellos llaman psicología consiste tan sólo en el estudio de los fenómenos mentales, que no son sino modificaciones exteriores —y no la esencia— del ser.

Otros aún ven en ella, sobre todo aquellos que la atribuyen a Sócrates, un objetivo moral, la búsqueda de una ley aplicable a la vida práctica. Todas estas interpretaciones exteriores, sin ser siempre enteramente falsas, no justifican el carácter sagrado que poseía en su origen, que implica un sentido mucho más profundo que el que así se le quiere atribuir. En primer lugar, significa que ninguna enseñanza exotérica es capaz de dar el conocimiento real, que el hombre debe encontrar solamente en sí mismo, pues, de hecho, ningún conocimiento puede ser adquirido sino mediante una captación personal.

Sin esta aprehensión, ninguna enseñanza puede desembocar en un resultado eficaz, y la enseñanza que no despierta en quien la recibe una resonancia personal no puede procurar ninguna clase de conocimiento. Es la razón de que Platón dijera que "todo lo que el hombre aprende está ya en él". Todas las experiencias, todas las cosas exteriores que le rodean no son más que una ocasión para ayudarle a tomar conocimiento de lo que hay en sí mismo. Este despertar es lo que se llama anamnesis, que significa "reminiscencia".

Si ello es cierto para todo conocimiento, lo es mucho más para un conocimiento más elevado y más profundo, y, cuando el hombre avanza hacia este conocimiento, todos los medios exteriores y sensibles se hacen cada vez más insuficientes, hasta finalmente perder toda utilidad. Si bien pueden ayudar a aproximarse a la sabiduría en algún grado, son impotentes para adquirirla realmente, y se dice corrientemente en la India que el verdadero gurú o maestro se encuentra en el propio hombre y no en el mundo exterior, aunque una ayuda exterior pueda ser útil al principio, para preparar al hombre a encontrar en sí y por sí mismo lo que no puede encontrar en otra parte, y particularmente lo que está por encima del nivel de la conciencia racional. Es necesario, para alcanzar esto, realizar ciertos estados que avanzan siempre más profundamente hacia el ser, hacia el centro, simbolizado por el corazón y donde la conciencia del hombre debe ser transferida para hacerle capaz de alcanzar el conocimiento real. Estos estados, que eran realizados en los misterios antiguos, eran grados en la vía de esta transposición de la mente al corazón.

Había, hemos dicho, una piedra en el templo de Delfos llamada omphalos, que representaba el centro del ser humano, así como el centro del mundo, según la correspondencia que existe entre el macrocosmos y el microcosmos, es decir, el hombre, de tal manera que todo lo que está en uno está en relación directa con lo que está en el otro. Avicena dijo: "Tú te crees una nada, y sin embargo el mundo reside en ti".

Es curioso señalar la creencia extendida en la Antigüedad según la cual el omphalos había caído del cielo, y se tendrá una idea exacta del sentimiento de los griegos con respecto a esta piedra diciendo que tenía cierta similitud con el que experimentamos con respecto a la piedra negra sagrada de la Kaabah.

La similitud que existe entre el macrocosmos y el microcosmos hace que cada uno de ellos sea la imagen del otro, y la correspondencia entre los elementos que los componen demuestra que el hombre debe conocerse a sí mismo primero para poder conocer después todas las cosas, pues, en verdad, puede encontrarlo todo en él. Por esta razón, algunas ciencias —especialmente las que forman parte del conocimiento antiguo y que son casi ignoradas por nuestros contemporáneos— poseen un doble sentido. Por su apariencia exterior, estas ciencias se refieren al macrocosmos y pueden ser consideradas justamente desde este punto de vista. Pero, al mismo tiempo, también poseen un sentido más profundo, el que se refiere al propio hombre y a la vía interior por la cual puede realizar el conocimiento en sí mismo, realización que no es otra que la de su propio ser. Aristóteles dijo: "el ser es todo lo que conoce", de tal modo que, allí donde existe conocimiento real —y no su apariencia o su sombra— el conocimiento y el ser son una y la misma cosa.

La sombra, según Platón, es el conocimiento por los sentidos e incluso el conocimiento racional que, aunque más elevado, tiene su origen en los sentidos. En cuanto al conocimiento real, está por encima del nivel de la razón; y su realización, o la realización del ser, es semejante a la formación del mundo, según la correspondencia de la que hemos hablado. Es ésta la razón de que algunas ciencias puedan describirse bajo la apariencia de esta formación; este doble sentido estaba incluido en los antiguos misterios, del mismo modo que en todas las enseñanzas que apuntan al mismo fin entre los pueblos de Oriente. Parece que igualmente en Occidente esta enseñanza ha existido durante toda la Edad Media, aunque hoy haya desaparecido completamente, hasta el punto que la mayoría de los occidentales no tiene idea alguna de su naturaleza o siquiera de su existencia.

Por todo lo precedente, vemos que el conocimiento real no tiene como vía a la razón, sino al espíritu y al ser al completo, pues no es otra cosa que la realización de este ser en todos sus estados, lo que constituye el fin del conocimiento y la obtención de la sabiduría suprema. En realidad, lo que pertenece al alma, e incluso al espíritu, representa solamente grados en la vía hacia la esencia íntima que es el verdadero Sí, y que puede ser encontrada tan sólo cuando el ser ha alcanzado su propio centro, estando unidas y concentradas todas sus potencias como en un solo punto, en el cual todas las cosas se le aparecen, estando contenidas en este punto como en su primer y único principio, y así puede conocer todas las cosas como en sí mismo y desde sí mismo, como la totalidad de la existencia en la unidad de su propia esencia.

Es fácil ver cuán lejos está esto de la psicología en el sentido moderno de la palabra, y que va incluso mucho más lejos que un conocimiento más verdadero y más profundo del alma, que no puede ser sino el primer paso en esta vía. Es importante indicar que el significado de la palabra nâfs no debe ser aquí restringido al alma, pues esta palabra se encuentra en la traducción árabe de la frase considerada, mientras que su equivalente griego psyché no aparece en el original. No debe pues atribuirse a esta palabra el sentido corriente, pues es seguro que posee otro significado mucho más elevado que le hace asimilable al término esencia, y que se refiere al Sí o al ser real; como prueba, tenemos lo que se dice en el siguiente hadith, que es como un complemento de la frase griega: "Quien se conoce a sí mismo, conoce a su

Señor".

Cuando el hombre se conoce a sí mismo en su esencia profunda, es decir, en el centro de su ser, es cuando conoce a su Señor. Y conociendo a su Señor, conoce al mismo tiempo todas las cosas, que vienen de Él y a Él retornan. Conoce todas las cosas en la suprema unidad del Principio divino, fuera del cual, según la sentencia de Mohyiddin ibn Arabî, "no hay absolutamente nada que exista", pues nada puede haber fuera del Infinito.

CAPÍTULO VII

OBSERVACIONES SOBRE LA PRODUCCIÓN

DE LOS NÚMEROS[*]

"Al principio, antes del origen de todas las cosas, era la Unidad", dicen las teogonías más elevadas de Occidente, aquellas que se esfuerzan en llegar al Ser más allá de su manifestación ternaria, y que no se detienen nunca en la apariencia universal del Binario. Sin embargo, las teogonías de Oriente y de Extremo Oriente dicen: "Antes del principio, incluso antes de la Unidad primordial, era el Cero", ya que saben que más allá del Ser está el No Ser, que más allá de lo manifestado está lo no-manifestado que es el principio, y que el No-Ser no es en modo alguno la Nada, sino que es, al contrario, la Posibilidad infinita, idéntica al Todo universal, al mismo tiempo que la Perfección absoluta y la Verdad integral.

Según la Kábala, el Absoluto, para manifestarse, se concentró en un punto infinitamente luminoso, dejando las tinieblas a su alrededor; esta luz en las tinieblas, este punto en

---

[*] Publicado originalmente en La Gnose, París, junio y julio-agosto de 1910 con el seudónimo T. Palingénius.

la extensión metafísica sin límites, esta nada que lo es todo en un todo que no es nada, si se puede expresar así, es el Ser en el seno del No-Ser, la Perfección activa en la Perfección pasiva. El punto luminoso, es la Unidad, afirmación del Cero metafísico que se representa mediante la extensión ilimitada, imagen de la Posibilidad universal infinita. La Unidad, desde que se afirma, para convertirse en el centro de donde emanarán como múltiples rayos las manifestaciones indefinidas del Ser, está unida al Cero que la contenía en principio, en estado de no-manifestación; aquí aparece ya el Denario en potencia, que será el número perfecto, el desarrollo completo de la Unidad primordial.

La Posibilidad total es al mismo tiempo la Pasividad universal, ya que contiene todas las posibilidades particulares, algunas de las cuales se manifestarán, pasarán de la potencia al acto, bajo la acción del Ser-Unidad. Cada manifestación es un rayo de la circunferencia que representa la manifestación total; y esta circunferencia, cuyos puntos son indefinidos en número, es todavía el Cero en relación a su centro que es la Unidad. Pero la circunferencia no estaba en absoluto trazada en el Abismo del No-Ser, y marca solamente el límite de la manifestación, del ámbito del Ser en el seno del No-Ser; es pues el Cero realizado, y, por el conjunto de su manifestación según esta circunferencia indefinida, la Unidad alcanza su desarrollo en el Denario.

Por otra parte, desde la afirmación de la Unidad, incluso antes incluso de toda manifestación, si esta Unidad se opusiera al Cero que en principio la contiene, se vería aparecer el Binario en el seno del Absoluto mismo, en la primera diferenciación que conduce a la distinción del No-Ser y del Ser; pero hemos visto en nuestro estudio sobre el Demiurgo lo que es esta distinción. Hemos indicado entonces que el Ser, o la perfección activa, Khien, no es nada realmente distinto del No-Ser, o de la Perfección pasiva, Khouen, y que esta distinción, punto de partida de toda manifestación, sólo existe en la medida en que nosotros mismos la creamos, porque no podemos concebir el No-Ser más que a través del Ser, lo no-manifestado más que a través de lo manifestado; luego la diferenciación del Absoluto en Ser y No-Ser no expresa sino el modo en que nosotros nos representamos las cosas, y nada más.

Además, si se consideran las cosas bajo este aspecto, se puede decir que el Absoluto es el principio común del Ser y del No-Ser, de lo manifestado y de lo no-manifestado, aunque en realidad se confunde con el No-Ser, ya que éste es el principio del Ser, siendo a su vez él mismo el principio primero de toda manifestación. Luego, si se quisiera considerar aquí el Binario, se llegaría inmediatamente a la presencia del Ternario; pero, para que hubiera verdaderamente un Ternario, es decir, ya una manifestación, haría falta que el Absoluto fuese la Unidad primordial, y hemos visto que la Unidad representa únicamente al Ser, afirmación del Absoluto. Es este Ser-Unidad el que se manifestará en la multiplicidad indefinida de los números, el que los contiene a todos en sí, como potencia de ser, y que los emanará como otros tantos submúltiplos de sí mismo; y todos los números están comprendidos en el Denario, que se realiza mediante el recorrido del ciclo de la manifestación total del Ser, y cuya producción consideraremos a partir de la Unidad primordial.

En un estudio precedente, hemos visto que todos los números pueden considerarse como emanados por parejas de la Unidad; estas parejas de números inversos o complementarios, que se pueden enfocar como simbolizando la unión de los Eones en el seno del Pleroma, existen en la Unidad en estado indiferenciado o no manifestado:

$$1 = 1/2 \times 2 = 1/3 \times 3 = 1/4 \times 4 = 1/5 \times 5 = ... = 0 \times ¥$$

Cada uno de estos grupos, $1/n \times n$, no es en modo alguno distinto de la Unidad, ni distinto de los otros en la Unidad, y no lo será más que en tanto que se consideren separadamente los dos elementos que lo constituyen; es entonces cuando nace la Dualidad, distinguiendo uno de otro ambos principios, en absoluto opuestos como se dice de ordinario equivocadamente, sino complementarios; activo y pasivo, positivo y negativo, masculino y femenino. Pero estos dos principios coexisten en la Unidad, y su indivisible dualidad es ella misma una unidad secundaria, reflejo de la Unidad primordial; así, con la Unidad que los contiene, los dos elementos complementarios constituyen el Ternario, que es la primera manifestación de la Unidad, ya que el dos, nacido del uno, no puede existir sin que el tres sea de inmediato, por esto mismo:

$$1 + 2 = 3$$

Y, así como no podemos concebir al No-Ser más que a través del Ser, no podremos concebir al Ser-Unidad más que a través de su manifestación ternaria, consecuencia necesaria e inmediata de la diferenciación o de la polarización que nuestro intelecto crea en la Unidad. Esta manifestación ternaria, bajo cualquier aspecto en que se considere, es siempre una Trinidad indisoluble, es decir, una Tri-Unidad, ya que sus tres términos no son distintos en absoluto, sino que son la misma Unidad concebida como conteniendo en sí misma los dos polos mediante los que se producirá toda manifestación.

Esta polarización reaparece enseguida en el Ternario, pues si se consideran los tres términos de éste con existencia independiente, se obtendrá por ello mismo el número senario, implicando un nuevo ternario que es reflejo del primero:

$$1 + 2 + 3 = 6$$

Este segundo ternario no tiene ninguna existencia real por sí mismo; es al primero lo que el Demiurgo es al Logos emanador, una imagen tenebrosa e invertida, y veremos en efecto a continuación que el Senario es el número de la creación. Contentémonos, por el momento, con observar que este número lo realizamos nosotros, en tanto que distinguimos los tres términos de la Tri-Unidad entre sí, en lugar de considerar sintéticamente la Unidad principial, independientemente de toda distinción, es decir, de toda manifestación.

Si se considera el Ternario como manifestación de la Unidad, es necesario considerar al mismo tiempo la Unidad en tanto que no manifestada, y entonces esta Unidad, junto al Ternario, produce el Cuaternario, que se puede figurar aquí por el centro y los tres vértices de un triángulo. Puede decirse también que el Ternario, simbolizado por un triángulo cuyos tres vértices corresponden a los tres primeros números, supone necesariamente el Cuaternario, cuyo primer término, no expresado, es entonces el Cero, que en efecto no puede ser representado. De este modo se puede, en el Cuaternario, considerar al primer término, sea como el Cero, sea como la Unidad primordial; en el primer caso, el segundo término será la Unidad en tanto que ésta se manifiesta, y los otros dos constituirán su doble manifestación; por el contrario, en el segundo caso, estos dos últimos, los dos elementos complementarios de los que hemos hablado anteriormente, deberán preceder lógicamente al cuarto término, que no es otro que su unión, realizando entre ellos el equilibrio en el cual se refleja la Unidad principial. Por último, si se considera el Ternario, en su aspecto más inferior, formado por los dos elementos complementarios y el término que los equilibra, siendo éste la unión de los dos anteriores, participa del uno y del otro, de manera que se le puede considerar como doble, y, aquí aún, el Ternario implica inmediatamente un Cuaternario que es su desarrollo.

De cualquier modo que se considere el Cuaternario, se puede decir que él contiene todos los números, pues, si consideramos sus cuatro términos como distintos, se ve que contiene el Denario:

$$1 + 2 + 3 + 4 = 10$$

Por ello todas las tradiciones dicen: el uno ha producido el dos, el dos ha producido el tres, el tres ha producido todos los números; la expansión de la Unidad en el Cuaternario realiza inmediatamente su manifestación total, que es el Denario.

El Cuaternario es representado geométricamente por el cuadrado, si se lo considera en estado estático, y por la cruz, si se lo considera en estado dinámico; cuando la cruz gira alrededor de su centro, engendra la circunferencia, que, con el centro, representa al Denario. Esto es lo que se llama la circulatura del cuadrante, y es la representación geométrica del hecho aritmético que acabamos de enunciar; inversamente, el problema hermético de la cuadratura del círculo se representará mediante la división del círculo en cuatro partes iguales por medio de dos diámetros rectangulares, y se expresará numéricamente por la ecuación precedente escrita en sentido inverso:

$$10 = 1 + 2 + 3 + 4$$

El Denario, considerado como formado por el conjunto de los cuatro primeros números, es lo que Pitágoras llamaba la Tetraktys; el símbolo que la representaba era en su conjunto de forma ternaria, comprendiendo cada uno de sus lados exteriores cuatro elementos, y compuesto de diez elementos en total.

Si el Ternario es el número que representa la primera manifestación de la Unidad principial, el Cuaternario figura su expansión total, simbolizada por la cruz cuyos cuatro brazos están formados por dos rectas indefinidas rectangulares; éstas se extienden así definitivamente, orientadas hacia los cuatro puntos cardinales de la indefinida circunferencia pleromática del Ser, puntos que la Kábala representa por las cuatro letras del Tetragrama. El Cuaternario es el número del Verbo manifestado, del Adam Kadmon, y se puede decir que él es esencialmente el número de la Emanación, ya que la Emanación es la manifestación del Verbo; de él derivan los otros grados de la manifestación del Ser, en sucesión lógica, mediante el desarrollo de los números que contiene en sí mismo, y cuyo conjunto constituye el Denario.

Si se considera la expansión cuaternaria de la Unidad como distinta de esta Unidad misma, ésta produce, por su propia suma, el número cinco; esto es aún lo que simboliza la cruz con su centro y sus cuatro brazos. Por otro lado, ocurrirá lo mismo para cada nuevo número, cuando se le enfoque como distinto de la Unidad, aunque realmente no lo sea en absoluto, ya que no es sino una de sus manifestaciones; este número, añadiéndose a la Unidad primordial, dará origen al número siguiente; habiendo señalado de una vez por todas este modo de producción sucesiva de los números, no tendremos en adelante que insistir más sobre ello.

Si el centro de la cruz se considera como el punto de partida de los cuatro brazos, representa la Unidad primordial; si por el contrario se lo considera únicamente como su punto de intersección, no representa más que el equilibrio, reflejo de esta Unidad. Desde este segundo punto de vista, está representado cabalísticamente por la letra Shin, que, situándose en el centro del Tetragrama cuyas cuatro letras figuran sobre los cuatro brazos de la cruz, forma el nombre pentagramático, sobre cuya significación no insistiremos aquí, queriendo solamente señalar este hecho de pasada. Las cinco letras del Pentagrama se emplazan en las cinco puntas de la Estrella Flamígera, figura del Quinario, que simboliza más particularmente el Microcosmos o el hombre individual. La razón es la siguiente: si se considera el cuaternario como la Emanación o la manifestación total del Verbo, cada ser emanado, submúltiplo de esta Emanación, se caracterizará igualmente por el número cuatro; se convertirá en un ser individual en la medida en que se distinga de la Unidad o del centro emanador, y acabamos de ver que esta distinción del cuaternario con la Unidad es precisamente la génesis del Quinario.

Hemos dicho, en nuestro estudio sobre el Demiurgo, que la distinción de la que nace la existencia individual es el punto de partida de la Creación; en efecto, ésta existe en la medida en que el conjunto de los seres individuales, caracterizados por el número cinco, se considera como distinto de la Unidad, lo que da nacimiento al número seis. Este número puede, como ya hemos visto anteriormente, considerarse como formado por dos ternarios de los que uno es el reflejo invertido del otro; esto es lo que representan los dos triángulos del Sello de Salomón, símbolo del Macrocosmos o del Mundo creado.

Las cosas son distintas de nosotros en la medida en que nosotros las distinguimos; en esta misma medida devienen exteriores a nosotros y al mismo tiempo devienen también distintas entre sí; aparecen entonces como revestidas de formas, y esta Formación, que es la consecuencia inmediata de la Creación, se caracteriza por el número que sigue al Senario, es decir, por el Septenario. No haremos más que indicar la concordancia de lo que precede con el primer capítulo del Génesis: las seis fases de la Creación, y el papel formador de los siete Elohim, representando el conjunto de las fuerzas naturales, y simbolizados por las siete esferas planetarias, que también se podrían hacer corresponder a los siete primeros números, designándose la esfera inferior, que es la de la Luna, como el Mundo de la Formación.

El Septenario, tal como acabamos de considerarlo, puede ser representado, ya sea por el triángulo doble con su centro, o por una estrella de siete puntas, alrededor de la cual están inscritos los signos de los siete planetas; es el símbolo de las fuerzas naturales, es decir, del Septenario en el estado dinámico. Si se lo considera en el estado estático, se lo podría ver formado por la unión de un Ternario y de un Cuaternario, y estaría entonces representado por un cuadrado rematado por un triángulo; habría mucho que decir sobre el significado de todas estas formas geométricas, pero estas consideraciones nos llevarían demasiado lejos del tema del presente estudio.

La Formación desemboca en lo que puede denominarse la realización material, que marca para nosotros el límite de la manifestación del Ser, y que estará entonces caracterizada por el número ocho. Este corresponde al Mundo terrestre, comprendido en el interior de las siete esferas planetarias, y que debe ser considerado aquí como simbolizando el conjunto del Mundo material en su totalidad; quede bien entendido además que cada Mundo no es en absoluto un lugar, sino un estado o una modalidad del ser. El número ocho corresponde también a una idea de equilibrio, porque la realización material es, como acabamos de decir, una limitación, de algún modo un punto de parada en la distinción que nosotros creamos en las cosas, distinción cuyo grado mide lo que se designa simbólicamente como la profundidad de la caída; ya hemos dicho que la caída no es sino un modo de expresar esta distinción misma, que crea la existencia individual separándonos de la Unidad principial.

El número ocho se representa, en el estado estático, por dos cuadrados, uno inscrito en el otro, de manera que los vértices de uno sean las mitades de los lados del otro. En el estado dinámico, es figurado por dos cruces que tengan el mismo centro, de manera que los brazos de la una sean las bisectrices de los ángulos rectos formados por los brazos de la otra.

Si el número ocho se añade a la Unidad, forma el número nueve, que, limitando así para nosotros la manifestación del Ser, ya que corresponde a la realización material diferenciada de la Unidad, estará representado por la circunferencia, y designará la Multiplicidad. Hemos dicho, por otra parte, que esta circunferencia, cuyos puntos en número indefinido son todas las manifestaciones formales del Ser (no decimos aquí todas las manifestaciones, sino solamente las manifestaciones formales), puede ser vista como el Cero realizado. En efecto, el número nueve, añadiéndose a la Unidad, forma el número diez, que resulta también de la unión del Cero con la Unidad, y que se representa por la circunferencia y su centro.

Por otra parte, el Novenario puede aún ser considerado como un triple Ternario; desde este punto de vista, que es el punto de vista estático, es representado por tres triángulos superpuestos, de manera que cada uno es el reflejo del inmediatamente superior, de donde resulta que el triángulo intermedio está invertido. Esta figura es el símbolo de los tres Mundos y de sus relaciones; por ello el Novenario es considerado a menudo como el número de la jerarquía.

Por último, el Denario, correspondiente a la circunferencia y su centro, es la manifestación total del Ser, el desarrollo completo de la Unidad; se lo puede ver entonces como no siendo otra cosa que esta Unidad realizada en la Multiplicidad. A partir de aquí, la serie de números empieza de nuevo para formar un nuevo ciclo:

$$11 = 10 + 1; 12 = 10 + 2; \dots 20 = 10 + 10$$

y después viene un tercer ciclo, y así indefinidamente. Cada uno de estos ciclos se puede considerar como reproduciendo al primero, pero en otro estadio, o, si se prefiere, en otra modalidad; se los simbolizará entonces por otros tantos círculos situados paralelamente unos a otros, en planos diferentes; pero, como en realidad no hay ninguna discontinuidad entre ellos, es preciso que estos círculos no sean cerrados, de modo que el final de cada uno sea al mismo tiempo el comienzo del siguiente. Entonces no son ya círculos, sino espirales sucesivas de una hélice trazada sobre un cilindro, y estas espirales se encuentran en número indefinido, siendo el propio cilindro indefinido; cada una de estas espirales se proyecta sobre un plano perpendicular al eje del cilindro siguiendo un círculo, pero, en realidad, su punto de partida y su punto de llegada no están en el mismo plano. Tendremos por lo demás que volver sobre este asunto cuando, en otro estudio, consideremos la representación geométrica de la evolución.

Ahora nos haría falta considerar otro modo de producción de los números, la producción por la multiplicación, y más particularmente por la multiplicación de un número por sí mismo, dando lugar sucesivamente a las diversas potencias de este número. Pero aquí la representación geométrica nos llevaría a consideraciones sobre las dimensiones del espacio, que es preferible estudiar separadamente; tendremos entonces que considerar en particular las potencias sucesivas del Denario, lo que nos conducirá a enfocar bajo un nuevo aspecto la cuestión de los límites de lo indefinido, y del paso de lo indefinido al Infinito.

En las observaciones precedentes, hemos querido simplemente indicar cómo la producción de los números a partir de la Unidad simboliza las diferentes fases de la manifestación del Ser en su sucesión lógica a partir del principio, es decir, del Ser mismo, que es idéntico a la Unidad; e incluso, si se hace intervenir el Cero precediendo a la Unidad primordial, se puede remontar así más allá del Ser, hasta el No-Ser, es decir, hasta el Absoluto.

SEGUNDA PARTE:
CIENCIAS Y ARTES TRADICIONALES

René Guénon

CAPÍTULO I

LA INICIACIÓN Y LOS OFICIOS[*]

Hemos dicho frecuentemente que la concepción "profana" de las ciencias y de las artes, tal como discurre hoy en Occidente, es algo muy moderno e implica una degeneración con relación a un estado previo en el que unas y otras tenían un carácter del todo diferente. Lo mismo puede decirse de los oficios; y, por otra parte, la distinción entre las artes y los oficios, o entre el "artista" y el "artesano", es también específicamente moderna, como si hubiera nacido de esta desviación profana y sólo tuviera sentido con relación a ella. Para los antiguos, el artifex es, indiferentemente, el hombre que ejerce un arte como el que ejerce un oficio; pero, no es, a decir verdad, ni el artista ni el artesano en el sentido que estas palabras tienen hoy; es algo más que uno y otro porque, originalmente al menos, su actividad está vinculada con principios que pertenecen a un orden mucho más profundo.

En toda civilización tradicional, en efecto, toda actividad del hombre, cualquiera que sea, es siempre considerada como

---

[*] Publicado originalmente en Voile d´Isis, París, marzo de 1934.

derivada esencialmente de los principios; por esta razón, está como "transformada", podría decirse, y, en lugar de reducirse a lo que ella es desde el punto de vista de la simple manifestación exterior (la cual es en definitiva la concepción profana), está integrada a la tradición y constituye, para quien la cumple, un medio de participar efectivamente en ésta. Es así incluso desde el simple punto de vista exotérico: si se considera, por ejemplo, una civilización como la civilización islámica o la civilización cristiana de la Edad Media, no hay nada tan sencillo como darse cuenta del carácter "religioso" que en ellas revisten los actos más ordinarios de la existencia. Es que la religión, en tales casos, no es algo que ocupa un lugar aparte, sin relación alguna con todo lo demás, como sucede para los occidentales modernos (al menos para aquellos que no consienten aún en admitir una religión); por el contrario, impregna profundamente toda la existencia del ser humano, o mejor dicho, todo lo que constituye esta existencia y, en particular la vida social, se encuentra como englobada en su dominio, si bien en tales condiciones, no puede existir en realidad nada que sea "profano", salvo para los que, por una razón u otra, están fuera de la tradición, y cuyo caso representa entonces una simple anomalía. Además, donde no existe nada a lo que se aplique propiamente el nombre de "religión", no dejará de haber una legislación tradicional y "sagrada" que, aunque teniendo caracteres diferentes, desempeñe exactamente la misma función; estas consideraciones pueden entonces aplicarse a toda civilización tradicional sin excepción. Pero hay todavía algo más: si pasamos del exoterismo al esoterismo (utilizamos aquí estas palabras para más comodidad, aunque no convengan con el mismo rigor en todos los casos), comprobamos muy generalmente, la existencia de una iniciación ligada a los oficios y que los toma como base; por tanto, estos oficios son todavía susceptibles de un significado superior y más profundo; y querríamos indicar cómo pueden proporcionar efectivamente una vía de acceso al dominio iniciático.

Lo que permite comprenderlo mejor, es la noción de lo que la doctrina hindú denomina swadharma, es decir, el cumplimiento por parte de cada ser de una actividad conforme a su naturaleza propia; y es también por medio de esta noción, o más bien por su ausencia, como se muestra con más claridad lo defectuoso de la concepción profana. En ésta, en efecto, un hombre puede adoptar una profesión cualquiera, y puede incluso cambiarla a su voluntad, como si esta profesión fuera algo puramente exterior a él, sin ningún vinculo real con lo que él es verdaderamente y con lo que le hace ser él mismo y no otro. En la concepción tradicional, al contrario, cada cual debe normalmente desempeñar la función a la que está destinado por su propia naturaleza; y no puede desempeñar otra sin que deje de ocurrir por ello un grave desorden, que tendrá repercusión sobre toda la organización social de la que forma parte; además, si tal desorden se generalizara, llegará a tener efectos sobre el mismo medio cósmico, ya que todas las cosas están ligadas entre sí según correspondencias rigurosas. Sin insistir más sobre este último punto que, sin embargo, podría aplicarse muy fácilmente a las condiciones de la época actual, haremos notar que la oposición de las dos concepciones puede, por lo menos en cierto aspecto, reducirse a la oposición entre un punto de vista "cualitativo" y un punto de vista "cuantitativo": en la concepción tradicional son las cualidades esenciales de los seres las que determinan su actividad; en la concepción profana, los individuos no son ya considerados sino como "unidades" intercambiables, como si estuvieran desprovistos en sí mismos, de toda cualidad propia. Esta última concepción que claramente depende de las ideas modernas de "igualdad" y de "uniformidad" (siendo ésta, literalmente, lo contrarío de la unidad verdadera porque implica la multiplicidad pura e "inorgánica" de una especie de "atomismo" social), lógicamente sólo puede desembocar en el ejercicio de una actividad puramente "mecánica", en la cual ya no subsiste nada propiamente humano; y eso es, en efecto, lo que podemos comprobar en nuestros días. Debe quedar bien entendido que los oficios "mecánicos" de los modernos, siendo sólo un producto de la desviación profana, de ninguna manera podrían ofrecer las posibilidades de las cuales tratamos aquí; en verdad, tampoco pueden, ser considerados como oficios si se quiere conservar el sentido tradicional de esta palabra, el único que nos interesa en este momento.

Si el oficio es algo del hombre mismo y, de alguna manera, una manifestación o una expansión de su propia naturaleza, es fácil comprender que pudiese, como decíamos en todo momento, servir de base para una iniciación, e incluso que sea, en la generalidad de los casos, lo más idóneo que exista para este fin. En efecto, si la iniciación tiene esencialmente el objetivo de superar las posibilidades del individuo humano, no es menos cierto que como punto de partida sólo puede tomar a este individuo tal como es; de ahí la diversidad de las vías iniciáticas, es decir, en suma, de los medios utilizados como "soportes", de acuerdo con las diferencias de las naturalezas individuales; interviniendo estas diferencias tanto menos cuanto que el ser avance más en su camino. Los medios así empleados sólo pueden tener eficacia si corresponden a la naturaleza misma de los seres a los cuales se aplican; y, como es preciso necesariamente proceder desde lo más a lo menos accesible, desde lo exterior a lo interior, es normal adquirirlos de la actividad por medio de la cual esta naturaleza se manifiesta exteriormente. Pero es obvio que esta actividad sólo puede desempeñar semejante papel sino cuando traduce realmente la naturaleza interior. Por lo tanto, hay en ello una verdadera cuestión de "cualificación" en el sentido iniciático de este término; y, en condiciones normales, esta "cualificación" debería ser necesaria para el ejercicio mismo del oficio. Esto expresa al mismo tiempo la diferencia fundamental que separa la enseñanza iniciática de la enseñanza profana: lo que es simplemente "aprendido" desde el exterior no tiene aquí ninguna importancia; aquello de lo que se trata, es de "despertar" las posibilidades latentes que el ser porta en sí mismo (y tal es, en el fondo, la verdadera significación de la "reminiscencia" platónica).

Se puede comprender aún, por medio de estas últimas consideraciones, cómo la iniciación, al tomar el oficio como "soporte", tendrá al mismo tiempo y a la inversa, por decirlo así, una repercusión en la práctica de este oficio. El ser, en efecto, habiendo realizado plenamente las posibilidades de las cuales su actividad profesional es sólo una expresión exterior, y poseyendo así el conocimiento efectivo de lo que es el principio mismo de esta actividad, cumplirá desde entonces conscientemente lo que al comienzo sólo era una consecuencia muy "instintiva" de su naturaleza; y así, si el conocimiento iniciático es, para él, nacido del oficio, éste último, a su vez, se convertirá en el campo de aplicación de ese conocimiento del cual ya no podrá ser separado. Habrá entonces una correspondencia perfecta entre lo interior y lo exterior, y la obra producida podrá ser, ya no solamente la expresión en un grado cualquiera y de forma más o menos superficial, sino la expresión realmente adecuada de quien la habrá concebido y ejecutado, lo cual constituirá la "obra maestra" en el verdadero sentido de esta palabra.

Todo esto, como se ve, está muy lejos de la pretendida "inspiración" inconsciente, o subconsciente si se quiere, en la que los modernos quieren ver el sello del verdadero artista, considerándolo superior al artesano, según la distinción más que criticable que tienen la costumbre de hacer. Artista o artesano, el que actúa bajo tal " inspiración", no es en todo caso más que un profano; muestra sin duda por ahí que lleva en sí algunas posibilidades; sin embargo, mientras no haya tomado efectivamente conciencia de ellas, aunque alcance lo que se ha convenido en denominar el "genio", eso no cambiará nada en él; y, al no poder ejercer un control sobre esas posibilidades, sus logros sólo serán, en cierto modo, accidentales, lo que además se reconoce corrientemente diciendo que la "inspiración" a veces falta. Todo lo que se puede conceder, para comparar el caso que tratamos con aquel donde interviene un conocimiento verdadero, es que la obra que, consciente o inconscientemente, surge de verdad de la naturaleza de quién la ejecuta, no dará jamás la impresión de un esfuerzo más o menos penoso que entraña siempre alguna imperfección, porque es algo anormal; al contrario, obtendrá su misma perfección de su conformidad con la naturaleza, lo que implicará por otra parte, de forma inmediata y por decirlo así necesaria, su exacta adaptación al fin al que está destinada.

Si ahora queremos definir más rigurosamente el dominio de lo que se puede llamar las iniciaciones de oficio, diremos que éstas pertenecen al orden de los "misterios menores", puesto que están vinculadas con el desarrollo de las posibilidades que le corresponden específicamente al estado humano; lo cual no es el fin último de la iniciación, pero no deja de constituir obligatoriamente su primera fase. En efecto, es necesario que este desarrollo sea primero cumplido en su integridad, para permitir luego superar este estado humano; pero, más allá de éste último, es evidente que las diferencias individuales en las que se apoyan las iniciaciones de oficio, desaparecen por completo y ya no podrían desempeñar ninguna función. Como hemos explicado en otras ocasiones, los "pequeños misterios" conducen a la restauración de lo que las doctrinas tradicionales designan como el "estado primordial"; pero, tan pronto como el ser alcanza este estado, que todavía pertenece al dominio de la individualidad humana (y que es el punto de comunicación de éste con los estados superiores), desaparecen las diferenciaciones que dan origen a las diversas funciones "especializadas", aunque todas estas funciones tengan igualmente su origen en él o, más bien, por eso mismo; y es a esta fuente común a la que es necesario remontarse para poseer en su plenitud todo lo que supone el ejercicio de una función cualquiera.

Si examinamos la historia de la humanidad tal y como la enseñan las doctrinas tradicionales, de acuerdo con las leyes cíclicas, debemos decir que, en el origen, al tener el hombre la posesión plena de su estado de existencia, tenía naturalmente las posibilidades que corresponden a todas las funciones, antes de cualquier distinción de éstas. La división de las funciones se produjo en un estado posterior, ya inferior al "estado primordial", pero en el que cada ser humano, a pesar de tener solamente algunas posibilidades determinadas, tenía todavía espontáneamente la conciencia efectiva de esas posibilidades. Es sólo en un periodo de mayor oscurecimiento cuando esta conciencia llegó a perderse; y, desde entonces, la iniciación devino necesaria para permitir al hombre volver a encontrar con esta conciencia el estado original al que es inherente; tal es, en efecto, el primero de sus objetivos, aquel que la iniciación se propone de forma más inmediata. Para que ello sea posible, implica una transmisión que se remonta, a través de una cadena ininterrumpida, hasta el estado que se trata de restaurar, y así, progresivamente, hasta el "estado primordial" mismo; sin embargo, la iniciación no se detiene ahí, y no siendo los "misterios menores" más que la preparación para los "misterios mayores", es decir, para la toma de posesión de los estados superiores del ser, es necesario remontarse aún más allá de los orígenes de la humanidad. En efecto, no hay iniciación verdadera, incluso en el grado más inferior y más elemental, sin la intervención de un elemento "no humano", que es, según lo que hemos expuesto con anterioridad en otros artículos, la "influencia espiritual" comunicada regularmente por medio del rito iniciático. Si es así, evidentemente no hay motivos para buscar "históricamente" el origen de la iniciación, cuestión que por lo tanto aparece carente de sentido, ni, por otra parte, el origen de los oficios, de las artes y de las ciencias, considerados en su concepción tradicional y "legítima", puesto que todos a través de las diferenciaciones y de las adaptaciones múltiples, pero secundarias, derivan igualmente del "estado primordial", que los contiene todos en principio, y que por él se enlazan con los otros órdenes de existencia, más allá de la humanidad misma, lo que es por otra parte necesario para que puedan, cada uno en su rango y según su medida, contribuir efectivamente a la realización del plan del Gran Arquitecto del Universo.

CAPÍTULO II

OBSERVACIONES SOBRE

LA NOTACIÓN MATEMÁTICA[*]

A menudo hemos tenido ocasión de hacer observar que la mayoría de las ciencias profanas, las únicas que los modernos conocen o que incluso conciben como posibles, no representan en realidad más que simples residuos desnaturalizados de las antiguas ciencias tradicionales, en el sentido de que es la parte más inferior de éstas la que, habiendo cesado de estar en relación con los principios, y habiendo perdido así su verdadera significación original, ha llegado a tomar un desarrollo independiente y a ser considerada como un conocimiento que se basta a sí mismo. Las matemáticas modernas no son una excepción en este aspecto, si se las compara a lo que eran para los antiguos la ciencia de los números y la geometría; y, cuando hablamos aquí de los antiguos, hay que comprender ahí incluso la antigüedad "clásica", como el mínimo estudio de las teorías pitagóricas y platónicas bastaría para demostrar,

---

[*] Publicado en "Etudes Traditionnelles", enero, febrero y marzo de 1937, como reelaboración de un antiguo artículo publicado en "La Gnose", abril y mayo de 1910.

o lo debería al menos si no hubiera que contar con la extraordinaria incomprehensión de aquellos que hoy pretenden interpretarlas; si esta incomprehensión no fuera tan absoluta, ¿cómo se podría sostener, por ejemplo, la opinión de un origen "empírico" de las ciencias de las que se trata, mientras que en realidad, éstas aparecen al contrario tanto más alejadas de todo "empirismo" cuanto se remonta más lejos, como sucede por lo demás en cualquier otra rama del conocimiento?

Los matemáticos, en la época moderna, parecen haber llegado a ignorar lo que es verdaderamente el número, ya que reducen toda su ciencia al cálculo, que es para ellos un simple conjunto de procedimientos más o menos artificiales, lo que, en suma, viene a significar que reemplazan el número por la cifra; por lo demás, esta confusión del número con la cifra está tan extendida en nuestros días que podemos encontrarla a cada instante hasta en expresiones del lenguaje corriente. Ahora bien, la cifra no es propiamente nada más que la vestidura del número; no decimos ni siquiera su cuerpo, ya que es más bien la forma geométrica la que, desde cierto punto de vista, puede ser legítimamente considerada como el verdadero cuerpo del número, como lo muestran las teorías de los antiguos sobre los polígonos y los poliedros, relacionados directamente con el simbolismo de los números. No queremos decir, sin embargo, que las mismas cifras sean signos enteramente arbitrarios, cuya forma hubiera sido determinada únicamente por la fantasía de uno o varios individuos; debe tratarse a los caracteres numéricos como a los caracteres alfabéticos, que además no se distinguen en ciertas lenguas, y se puede aplicar tanto a unos como a otros la noción de un origen jeroglífico, es decir, ideográfico o simbólico, que sirve para todas las escrituras sin excepción.

Lo que hay de cierto, es que los matemáticos emplean en sus notaciones unos símbolos de los que ya no conocen el sentido, y que son como vestigios de tradiciones olvidadas; y lo que es más grave es que no solamente no se preguntan cuál puede ser su sentido, sino que incluso parecen no querer que haya uno. En efecto, tienden cada vez más a mirar toda notación como una simple "convención", entendiendo por ello algo que se enuncia de manera totalmente arbitraria, lo que, en el fondo, es una verdadera imposibilidad, ya que no se establece jamás una convención sin que haya alguna razón para ello, y para establecer precisamente esa y no otra; solamente a aquellos que ignoran esta razón la convención puede parecerles arbitraria, y es esto exactamente lo que sucede aquí. En semejante caso, es extremadamente fácil pasar del uso legítimo y válido de una notación a su uso ilegítimo, que no corresponde ya a nada real, y que puede incluso a veces resultar totalmente ilógico; esto puede parecer extraño tratándose de una ciencia como las matemáticas, que debería tener lazos especialmente estrechos con la lógica, y sin embargo es muy cierto que se pueden señalar múltiples ilogismos en las nociones matemáticas tal como se consideran comúnmente.

Uno de los ejemplos más chocantes de estas ilógicas

nociones, es el del pretendido infinito matemático, que, como hemos explicado ampliamente en otras ocasiones, no es y no puede ser en realidad más que lo indefinido; y no se debería creer que esta confusión entre infinito e indefinido se reduce a una simple cuestión de palabras. Lo que los matemáticos representan con el signo "infinito" no puede de ninguna manera ser el Infinito entendido en su verdadero sentido; este mismo signo es una figura cerrada, luego visiblemente finita, así como lo es el círculo del que algunos han querido hacer un símbolo de la eternidad, mientras que no puede ser sino una figuración de un ciclo temporal, indefinido solamente en su orden, es decir lo que se llama propiamente la perpetuidad; y es fácil ver que esta confusión entre eternidad y perpetuidad se emparenta estrechamente con la de lo infinito y lo indefinido. De hecho, lo indefinido no es más que un desarrollo de lo finito; pero de éste no se puede hacer surgir el Infinito, que por otra parte, no podría ser cuantitativo, como tampoco podría ser nada determinado, ya que la cantidad, no siendo sino un modo especial de realidad, es esencialmente limitada por ello mismo. Por otro lado, la idea de un número infinito, es decir, según la definición que dan los matemáticos, de un número mayor que cualquier otro, es una idea contradictoria en sí misma, pues por grande que sea un número N, el número N+1 será siempre mayor, en virtud de la ley misma de la formación de la serie indefinida de los números; y de esta contradicción se desprenden muchas otras, como lo han además subrayado ciertos filósofos que sin embargo no siempre han comprendido bien el verdadero alcance de esta argumentación, habiendo quienes han creído poder aplicar al Infinito metafísico mismo lo que no alcanza más que al falso infinito matemático, cometiendo así otra vez, aunque en sentido contrario, la misma confusión que sus adversarios. Es evidentemente absurdo querer definir el Infinito, ya que toda definición es necesariamente una limitación, como las propias palabras lo demuestran claramente, y el Infinito es lo que no tiene límites; intentar hacerlo entrar en una fórmula, es decir, en definitiva, revestirlo de una forma, es esforzarse en hacer entrar al Todo universal en uno de los elementos más ínfimos comprendidos en él, lo que es manifiestamente imposible; en fin, concebir el Infinito como una cantidad, no es solamente limitarlo como acabamos de decir, sino que además es, por añadidura, concebirlo como susceptible de aumento o disminución, lo que no es menos absurdo. Con semejantes consideraciones, se llega rápidamente a vislumbrar varios infinitos que coexisten sin confundirse ni excluirse, infinitos que son mayores o menores que otros infinitos, e incluso, no bastando ya el infinito, se inventa el "trans-finito", es decir el ámbito de los números mayores que el infinito: tantas palabras como absurdidades, incluso con relación a la simple lógica elemental. Hablamos aquí de "invención" intencionadamente, pues, si las realidades de orden matemático no pueden, como cualquier otra realidad, más que ser descubiertas y no inventadas, está claro que no es lo mismo que dejarse llevar, por un "juego" de notación, al ámbito de la pura fantasía; pero ¿cómo se podría esperar hacer comprender esta diferencia a matemáticos que se imaginan fácilmente que toda su ciencia no es y no debe ser más que una "construcción del espíritu humano", lo que, sin duda, la reduciría, si hubiera que creerles, a no ser más que muy poca cosa en verdad?

Lo que hemos dicho para lo infinitamente grande, o lo que se dice como tal, es igualmente válido para lo que se denomina, no menos impropiamente, lo infinitamente pequeño: por pequeño que sea un número 1/N, el número 1/N+1 será todavía menor; volveremos más adelante sobre el sentido que conviene atribuir exactamente a esta notación. No hay pues en realidad ni infinitamente grande ni infinitamente pequeño, pero se puede considerar la serie de los números como creciendo o decreciendo indefinidamente, de manera que el pretendido infinito matemático no es otra cosa que lo indefinido, que, repitámoslo de nuevo, procede de lo finito y es, en consecuencia, siempre reductible a éste. Lo indefinido es por lo tanto todavía finito, es decir, limitado; incluso si desconocemos los límites o somos incapaces de determinarlos, sabemos sin embargo que estos límites existen, ya que todo indefinido no es sino un cierto orden de cosas, limitado por la existencia misma de otras cosas fuera de él. Evidentemente, por esto mismo, podemos considerar una multitud de indefinidos; se pueden incluso sumar unos y otros, o multiplicarlos entre sí, lo que conduce naturalmente a considerar indefinidos de distinta magnitud, e incluso de distinto orden de indefinición, ya sea en el sentido creciente o en el decreciente. Por ello es fácil comprender lo que realmente significan las absurdidades que señalábamos anteriormente, y que dejan de ser absurdos cuando se reemplaza el pretendido infinito matemático por lo indefinido; pero entendiendo bien que todo lo que así se obtenga, lo mismo que lo finito ordinario del que no es nunca sino una extensión, no tiene relación alguna con el Infinito, y es siempre rigurosamente nulo con relación a éste. Al mismo tiempo, estas consideraciones muestran también de manera precisa la imposibilidad de llegar a la síntesis mediante el análisis: sería inútil sumar sucesivamente unos elementos a otros en número indefinido, ya que no se obtendrá jamás el Todo, porque el Todo es infinito, y no indefinido; no se lo puede concebir de otra manera que como infinito, y no podría estar limitado sino por algo que le fuera exterior, y entonces ya no sería el Todo; si se puede decir que es la suma de todos estos elementos, es solamente a condición de entender esta palabra suma en el sentido de integral, y una integral no se calcula tomando sus elementos uno a uno; incluso si se pudiera suponer que se han llegado a recorrer analíticamente uno o varios indefinidos, no se habría avanzado por ello ni un paso desde el punto de vista universal, y se estaría todavía exactamente en el mismo punto respecto al Infinito. Todo esto, además, se puede aplicar analógicamente a ámbitos distintos que el de la cantidad; y la consecuencia que resulta inmediatamente de ello es que la ciencia profana, al ser sus puntos de vista y métodos exclusivamente analíticos, es incapaz de sobrepasar ciertas limitaciones; la imperfección, aquí, no sólo es inherente a su estado presente, como algunos quisieran creer, sino a su propia naturaleza, es decir, en definitiva, a su falta de principios.

Hemos dicho que la serie de los números puede ser considerada como indefinida en los dos sentidos, el creciente y el decreciente; pero esto requiere todavía alguna explicación, pues inmediatamente se puede plantear una objeción: y es que el número verdadero, el que se podría llamar el número puro, es esencialmente el número entero; y la serie de los números enteros, partiendo de la unidad, va creciendo indefinidamente, pero se desarrolla toda ella en un único sentido, y así el sentido opuesto, el de lo indefinidamente decreciente, no puede encontrar su representación. Sin embargo, se han considerado diversos tipos de números, distintos de los números enteros; éstos son, se dice normalmente, extensiones de la idea de número, y en cierto modo es verdad; pero, al mismo tiempo, estas extensiones son también alteraciones, y los matemáticos parecen olvidar esto demasiado fácilmente, porque su "convencionalismo" les impide reconocer su origen y razón de ser. De hecho, los números distintos de los enteros se presentan siempre, ante todo, como la figuración de un resultado de operaciones que son imposibles ateniéndose al punto de vista de la aritmética pura, no siendo ésta, en rigor, sino la aritmética de los números enteros; pero el resultado de tales operaciones no se llega a considerar así arbitrariamente, ni se limita a verlas simplemente como imposibles; de manera general, es en consecuencia de la aplicación hecha del número, como cantidad discontinua, a la medida de magnitudes que, como las espaciales por ejemplo, son del orden de la cantidad continua. Entre estos modos de la cantidad existe una diferencia de naturaleza tal, que no se podría establecer perfectamente la correspondencia entre uno y otro; para remediar esto en cierta medida, se procuran reducir de alguna manera los intervalos de esta discontinuidad constituida por la serie de los números enteros, introduciendo entre sus términos otros números tales como los fraccionarios e inconmensurables, que no tendrían sentido alguno fuera de esta consideración. Hay que decir además que, pese a esto, subsiste siempre forzosamente algo de la naturaleza esencialmente discontinua del número, que no permite que se obtenga un equivalente perfecto de lo continuo; se pueden reducir los intervalos tanto como se quiera, es decir, en suma, reducirlos indefinidamente, pero no suprimirlos; esto lleva a considerar todavía un determinado aspecto de lo indefinido, que podría tener aplicación en un examen de los principios del cálculo infinitesimal, pero no es esto lo que nos proponemos actualmente.

Con estas reservas y bajo estas condiciones, se pueden admitir algunas de estas extensiones de la idea de número a las que acabamos de hacer alusión, y darles o, más bien, restituirles un significado legítimo; así, podemos enfocar particularmente los inversos de los números enteros, representados por símbolos de la forma $1/n$ y que constituirán la serie indefinidamente decreciente, simétrica de la serie indefinidamente creciente de los números enteros. Habría que observar de nuevo que, aunque el símbolo $1/n$ pueda evocar la idea de los números fraccionarios, los números a los que se refiere no se definen aquí como tales; es suficiente que consideremos las dos series como constituidas por números respectivamente mayores y menores que la unidad, es decir, como dos órdenes de magnitudes que tienen en ella su límite común, al mismo tiempo que ambos pueden ser considerados como nacidos igualmente de esta unidad, que es verdaderamente la fuente primera de todos los números. Ya que hemos hablado de los números fraccionarios, añadiremos a este respecto que la definición que se da ordinariamente de ellos es de nuevo absurda: las fracciones no pueden ser "partes de la unidad", como se dice, ya que la verdadera unidad es necesariamente indivisible y sin partes; aritméticamente, un número fraccionario no representa otra cosa que el cociente de una división imposible; pero este absurdo proviene de una confusión entre la unidad aritmética y lo que se llama las "unidades de medida", que no son tales sino convencionalmente, y que son en realidad magnitudes de otro tipo que el número. La unidad de longitud, por ejemplo, no es más que una determinada longitud elegida por razones ajenas a la aritmética y a la que se le hace corresponder el número 1 con el fin de poder medir con relación a ella las demás longitudes; pero, por su propia naturaleza de magnitud continua, toda longitud, aunque se represente numéricamente por la unidad, no deja de ser por ello siempre e indefinidamente divisible; se podrá entonces, comparándola con otras longitudes, considerar partes de esta unidad de medida, pero que no serán por ello de ninguna manera partes de la unidad aritmética; y únicamente de este modo se introduce realmente la consideración de los números fraccionarios como representación de las relaciones entre magnitudes que no son exactamente divisibles unas por otras. La medida de una magnitud no es, en efecto, sino la expresión numérica de su relación con otra magnitud de la misma especie tomada como unidad de medida, es decir, en el fondo, como término de comparación; y por ello se ve que toda medida se basa esencialmente en la división, lo que podría dar lugar de nuevo a otras observaciones importantes, pero que están fuera de nuestro tema.

Dicho esto, podemos volver a la doble indefinidad numérica constituida, en el sentido creciente, por la serie de los números enteros, y en el decreciente, por la de sus inversos; estas series parten ambas de la unidad, la única que es a sí misma su propio inverso, ya que 1/1=1. Además hay tantos números en una de las series como en la otra, de manera que, si se consideran estos dos conjuntos indefinidos formando una única sucesión, se podrá decir que la unidad ocupa exactamente el medio en esta sucesión de los números; en efecto, a todo número n de una de las series le corresponde en la otra serie un número 1/n, tal que n X 1/n = 1; el conjunto de los dos números inversos, multiplicándose el uno por el otro, reproduce la unidad. Si se quisiera, para generalizar más, introducir los números fraccionarios en lugar de considerar solamente la serie de los números enteros y la de sus inversos, como acabamos de hacer, nada cambiaría a este respecto: estarían de un lado todos los números mayores que la unidad, y del otro, todos los números menores que ella; aquí de nuevo, a todo número a/b ñ 1, le correspondería en el otro grupo un número inverso b/a < 1, y recíprocamente, de manera que a/b x b/a = 1, y así se tendría siempre una misma cantidad exacta de números en uno y otro de estos grupos indefinidos separados por la unidad. Se puede decir además que la unidad, estando en el medio, corresponde al estado de perfecto equilibrio, y contiene a todos los números en sí misma, que nacen de ella por parejas de números inversos o complementarios, constituyendo cada una de estas parejas, por el hecho de este complementarismo, una unidad relativa en su indivisible dualidad; desarrollaremos a continuación las consecuencias que implican estas diversas consideraciones.

Si se consideran, según lo que se ha dicho anteriormente, la serie de los números enteros y la de sus inversos, la primera es indefinidamente creciente y la segunda indefinidamente decreciente; se podría decir que de este modo los números tienden por una parte hacia lo indefinidamente grande y por la otra hacia lo indefinidamente pequeño, viendo en ello los límites mismos del dominio en que se considera a estos números, ya que una cantidad variable no puede tender sino hacia un límite. El dominio del que se trata es, en definitiva, el de la cantidad numérica considerada en toda la extensión de la que es susceptible; esto quiere decir que los límites no están determinados en absoluto por tal o cual número en particular, lo grande o pequeño que se quiera, sino únicamente por la naturaleza misma del número como tal. Por esto no puede tratarse aquí en modo alguno de una cuestión de infinito, ya que el número, como cualquier otra cosa de naturaleza determinada, excluye a todo lo que no es él; por otra parte, acabamos de decir que lo indefinidamente grande debe forzosamente concebirse como un límite, y se puede observar a propósito de esto, que la expresión "tender hacia el infinito", empleada por los matemáticos en el sentido de "crecer indefinidamente", es de nuevo un absurdo, ya que el infinito implica evidentemente la ausencia de todo límite, y que en consecuencia, no existiría nada hacia lo que fuera posible tender. Va de suyo que las mismas observaciones se aplicarían igualmente a los modos de la cantidad distintos del número, es decir, a los diferentes tipos de cantidad continua, sobre todo la espacial y la temporal; cada una de ellas, en su orden, es igualmente susceptible de extensión indefinida, pero estará limitada esencialmente por su propia naturaleza, como también lo está por lo demás la cantidad misma en toda su generalidad; el hecho mismo de que existan cosas a las que no es aplicable la cantidad, es suficiente para establecer que la pretendida noción de "infinito cuantitativo" es contradictoria.

Por otra parte, al ser un dominio indefinido, no conocemos claramente sus límites, y, por lo tanto, no podemos fijarlos de manera precisa; esta es, en definitiva, toda la diferencia con el finito ordinario. Subsiste aquí, pues, un tipo de indeterminación, pero que solo es tal desde nuestro punto de vista, y no en la realidad misma, ya que los límites no dejan por ello de existir; que los viéramos o no, no cambiaría en nada la naturaleza de las cosas. Se podría decir también, en lo que concierne al número, que esta aparente indeterminación resulta de que la serie de los números, en su conjunto, no está "terminada" por un número dado, como lo está siempre cualquier porción de esta serie que se pueda considerar aisladamente; luego no existe un número, por grande que fuere, que pueda ser identificado a lo indefinidamente grande en el sentido en que acabamos de entenderlo, y, naturalmente, consideraciones simétricas a éstas valdrían también para lo indefinidamente pequeño. Sin embargo, se puede al menos considerar un número prácticamente indefinido, si está permitido expresarse así, cuando ya no puede enunciarse con el lenguaje ni representarse por la escritura, lo que, de hecho, sucede inevitablemente en un momento dado al considerar números que están siempre creciendo o decreciendo; esta es, si se quiere, una simple cuestión de "perspectiva", que incluso concuerda con el carácter de lo indefinido, que, en definitiva, no es sino aquello cuyos límites pueden ser, no suprimidos, lo que resulta imposible porque lo finito no puede producir más que algo finito, sino simplemente alejados hasta perderse totalmente de vista.

A propósito de esto, cabría plantearse ciertas preguntas bastante curiosas: así, se podría preguntar por qué motivo el idioma chino representa simbólicamente lo indefinido con el número diez mil; la expresión "los diez mil seres", por ejemplo, significa todos los seres, que son realmente una multitud indefinida. Es muy notorio que ocurra exactamente lo mismo en el griego, donde una sola palabra, con una simple diferencia de acentuación, que no es evidentemente más que un detalle totalmente accesorio, sirve para expresar las dos ideas: mýrioi, diez mil; myríoi, una indefinidad. La verdadera razón de esto es la siguiente: el número diez mil es la cuarta potencia de diez; ahora bien, según la fórmula del Tao-te-King, "el uno ha producido el dos, el dos ha producido el tres, el tres ha producido todos los números", lo que implica que el cuatro, producido inmediatamente por el tres, equivale en cierto modo a todo el conjunto de los números, y esto porque, desde que se obtiene el cuaternario, se obtiene también, por la suma de los cuatro primeros números, el denario, que representa un ciclo numérico completo: $1 + 2 + 3 + 4 = 10$; es la Tetraktys pitagórica, sobre cuyo significado tal vez volvamos más especialmente en otra ocasión. Se puede añadir aún que esta representación de la indefinidad numérica tiene su correspondencia en el orden espacial: se sabe que la elevación a una potencia superior en un grado representa, en este orden, añadir una dimensión; ahora bien, al no tener nuestra extensión más que tres dimensiones, cuando se va más allá de la tercera potencia se rebasan sus límites, lo que en otras palabras quiere decir, que la elevación a la cuarta potencia marca el final mismo de su indefinitud, ya que, desde que es efectuada, se sale por ello mismo de esta extensión.

Sea lo que fuere de estas últimas consideraciones, lo indefinidamente grande es en realidad lo que los matemáticos representan, como hemos dicho, por el signo ¥ ("infinito"); de no tener este sentido, no tendría verdaderamente ninguno; y, según lo que precede, lo que así se representa no es un número determinado, sino de alguna manera todo un dominio, lo que además es necesario para poder considerar, según lo que ya hemos indicado, desigualdades e incluso órdenes distintos de magnitud en lo indefinido. En cuanto a lo indefinidamente pequeño, puede ser visto, de manera similar, como todo lo que en el orden decreciente se encuentra más allá de los límites de nuestros medios de evaluación, y que, por lo tanto, nos lleva a considerarlo como prácticamente inexistente con relación a nosotros en tanto que cantidad; se lo puede representar, sin hacer intervenir aquí la notación diferencial o infinitesimal que en el fondo sólo tiene razón de ser para el estudio de las variaciones continuas, en su conjunto por el símbolo 0, aunque no sea ésta, a decir verdad, más que una de las significaciones del cero; y debe quedar bien claro que este símbolo, por las mismas razones que el de lo indefinidamente grande, no representa tampoco un número determinado.

La serie de los números, que hemos considerado como extendiéndose indefinidamente, por los números enteros y por sus inversos, en los dos sentidos creciente y decreciente, se representa pues de la siguiente forma:

$$0 \ldots, 1/4, 1/3, 1/2, 1, 2, 3, 4, \ldots \yen;$$

dos números equidistantes de la unidad central son inversos o complementarios uno de otro, luego, como hemos explicado precedentemente, reproducen la unidad por su multiplicación:

1/n x n = 1, de manera que, por las dos extremidades de la serie, se llega a escribir también:

0 x ¥= 1. Sin embargo, del hecho de que los signos 0 e ¥, que son los dos factores de este último producto, no representen en realidad números determinados, se deduce que la expresión misma 0 x ¥ constituye lo que se llama una forma indeterminada, y se debe escribir entonces:

0 x ¥ = n, siendo n un número cualquiera; pero, de todas maneras, se llega así de nuevo al finito ordinario, neutralizándose las dos indefinidades opuestas una a la otra. Se ve muy claramente de nuevo que el símbolo "infinito" no representa el Infinito, ya que el Infinito no puede tener ni opuesto ni complementario, y no puede entrar en correlación con nada, ni con el cero, ni con la unidad, ni con un número cualquiera; siendo el Todo absoluto, contiene tanto el No-Ser como el Ser, de manera que el propio cero, al no ser la pura nada, debe necesariamente considerarse como comprendido en el Infinito.

Al hacer alusión aquí al No-Ser, abordamos otra significación del cero, diferente de la que acabamos de considerar, y que es incluso la más importante desde el punto de vista de su simbolismo metafísico; pero, a este respecto, importa precisar bien, para evitar toda confusión entre el símbolo y lo que representa, que el Cero metafísico, que es el No-Ser, no es en absoluto el cero de la cantidad, ni la Unidad metafísica, que es el Ser, es la unidad aritmética; lo así designado por estos términos no puede serlo más que por transposición analógica, ya que, desde que uno se sitúa en lo Universal, se está evidentemente más allá de todo dominio espacial como el de la cantidad. Además, el cero puede tomarse como símbolo del No-Ser, no en tanto que representa lo indefinidamente pequeño, sino en cuanto que, según otra de sus acepciones matemáticas, representa la ausencia de cantidad, que en efecto simboliza en su orden la posibilidad de no-manifestación, del mismo modo que la unidad simboliza la posibilidad de manifestación, siendo el punto de partida de la multiplicidad indefinida de los números así como el Ser es el principio de toda manifestación.

De cualquier manera en que se considere al cero, nunca podría ser una pura nada: esto es muy evidente cuando se trata de lo indefinidamente pequeño; es verdad que no es, si se quiere, más que un sentido derivado, debido a un tipo de asimilación aproximada de una cantidad despreciable para nosotros a la ausencia de toda cantidad; pero, en lo que concierne a la ausencia misma de cantidad, lo que es nulo desde este punto de vista puede muy bien no serlo desde otros puntos de vista, como se ve claramente mediante un ejemplo como el del punto, que es inextenso, es decir espacialmente nulo, pero que no deja de ser por ello, como ya lo hemos expuesto en otro lugar, el principio mismo de toda la extensión. Es por lo demás verdaderamente extraño que los matemáticos tengan la costumbre de considerar al cero como una pura nada, y que sin embargo les sea imposible no encararlo al mismo tiempo como dotado de una potencia indefinida, ya que, situado a la derecha de otra cifra tomada como significativa, contribuye a formar la representación de un número que, por repetición de este mismo cero, puede crecer indefinidamente, como sucede por ejemplo, en el caso del número diez y de sus potencias sucesivas; si realmente el cero no fuera más que una pura nada, no podría suceder esto, e incluso no sería entonces si no un signo inútil, totalmente desprovisto de cualquier valor efectivo; aparece pues de nuevo otra inconsecuencia a añadir a todas las que ya hemos resaltado hasta ahora.

Si volvemos al cero considerado como representando lo indefinidamente pequeño, lo que importa sobre todo es recordar bien que el dominio de éste comprende, en la serie doblemente indefinida de los números, todo lo que está más allá de nuestros medios de evaluación en un cierto sentido, así como el dominio de lo indefinidamente grande comprende, en esta misma serie, todo lo que está más allá de estos mismos medios de evaluación en el otro sentido. Siendo así, no cabe evidentemente hablar de números menores que el cero, ni tampoco de números mayores que lo indefinido; y esto es todavía más inaceptable, si es posible, en el momento en que el cero representa pura y simplemente la ausencia de toda cantidad, ya que una cantidad que fuera menor que nada es propiamente inconcebible; esto es sin embargo lo que se ha querido hacer, aunque en sentido algo diferente del que hemos indicado, introduciendo en las matemáticas la consideración de los números llamados negativos, y olvidando que estos números, en origen, no son sino la indicación del resultado de una sustracción realmente imposible, en la que un número más grande debiera ser restado de un número más pequeño; pero esta consideración de los números negativos y las consecuencias lógicamente dudosas que genera requieren todavía algunas otras explicaciones.

La consideración de los números negativos, en el fondo, proviene únicamente del hecho de que, cuando una sustracción es aritméticamente imposible, su resultado es sin embargo susceptible de interpretación en el caso que esta sustracción se refiera a magnitudes que puedan contarse en dos sentidos opuestos, como, por ejemplo, las distancias o los tiempos. De aquí la representación geométrica dada habitualmente a estos números negativos: sobre una recta se miden las distancias como positivas o negativas según si se recorren en un sentido o en otro, y se fija sobre esta recta un punto tomado como origen, a partir del cual las distancias se dicen positivas de un lado y negativas del otro, estando el mismo origen afectado por el coeficiente cero; el coeficiente de cada punto de la recta será pues el número que representa su distancia al origen, y su signo + ó - indicará simplemente de qué lado está situado este punto con respecto a aquél; sobre una circunferencia, se podrá distinguir también un sentido de rotación positivo y otro negativo, lo que daría lugar a observaciones análogas. Además, siendo la recta indefinida en los dos sentidos, se llega a considerar un indefinido positivo y un indefinido negativo, que se representan por los signos + ¥, - ¥, que se designan normalmente por las absurdas expresiones de "más infinito" y "menos infinito"; se cuestiona lo que realmente podría ser un infinito negativo, o también lo que podría subsistir si a algo o a nada (ya que los matemáticos consideran al cero como nada) se le restase el infinito; es suficiente con enunciar estas cosas en lenguaje claro para ver inmediatamente que carecen de todo significado. Todavía hay que añadir que de seguido, en particular en el estudio de la variación de las funciones, se llega a considerar el indefinido negativo confundiéndosele con el indefinido positivo, de manera que un móvil partiendo del origen y alejándose constantemente en el sentido positivo volvería hacia el del lado negativo, si su movimiento prosiguiera durante un tiempo indefinido, o inversamente, de donde resulta que la recta, o lo que se considera como tal, debe ser en realidad una línea cerrada, aunque indefinida. Se podría además hacer ver que las propiedades de la recta en el plano son análogas por completo a las de un gran círculo sobre la superficie de una esfera, y que así el plano y la recta pueden ser asimilados a una esfera y a un gran círculo de radio indefinidamente grande (asimilándose entonces los círculos ordinarios del plano a los círculos pequeños de esta misma esfera); sin insistir más, únicamente haremos notar que aquí de alguna manera se pueden captar directamente los propios límites de la indefinitud espacial; ¿cómo se puede entonces, si se quiere guardar alguna apariencia de lógica, hablar todavía de infinito?

Considerando los números positivos y negativos como acabamos de decir, la serie de los números toma la siguiente forma:

$$- ¥... -4, -3, -2, -1, 0, 1, 2, 3, 4, ... + ¥,$$

siendo el orden de estos números el mismo que el de los puntos correspondientes sobre la recta, es decir, de los puntos que tienen estos mismos números como coeficientes respectivos. Esta serie, aunque sea igualmente indefinida en los dos sentidos, es totalmente distinta de aquella que hemos considerado anteriormente: es simétrica, no ya con relación a 1, sino con relación a 0, que corresponde al origen de las distancias; y dos números equidistantes de este término central 0, lo reproducen de nuevo, pero por adición "algebraica" (es decir efectuada teniendo en cuenta sus signos, lo que aquí es aritméticamente una sustracción), y no ya por multiplicación. Se puede observar enseguida un inconveniente que resulta inevitablemente del carácter artificial (y no decimos arbitrario) de esta notación: si se coloca la unidad en el punto de partida, toda la serie de los números fluye naturalmente; pero, si se coloca el cero, es, al contrario, imposible hacer salir de él ningún número; la razón entonces es que la constitución de la serie está basada en realidad en consideraciones más de orden geométrico que aritmético, y que, como consecuencia de la diferente naturaleza de las cantidades a las que se refieren respectivamente estas dos ramas de las matemáticas, no puede existir nunca, como ya hemos dicho, una correspondencia rigurosamente perfecta entre la aritmética y la geometría. Por otra parte, esta nueva serie no es en modo alguno como la precedente, indefinidamente creciente en un sentido e indefinidamente decreciente en el otro, y en caso de considerarla así, sería por utilizar una "manera de hablar" de las más incorrectas; en realidad, es indefinidamente creciente en los dos sentidos igualmente, ya que lo comprendido de una parte y de la otra del cero central, es la misma serie de los números enteros; lo que se llama "valor absoluto" (de nuevo una expresión al menos extraña, ya que aquello que se trata no es si no de un orden esencialmente relativo) debe ser tomado en consideración solamente bajo el aspecto puramente cuantitativo, y los signos positivos o negativos no cambian nada a este respecto, ya que no expresan otra cosa que las relaciones de "situación" que hemos explicado hace un momento. Lo indefinido negativo no es pues asimilable en modo alguno a lo indefinidamente pequeño ni, al contrario, lo será lo indefinido positivo a lo indefinidamente grande; la única diferencia está en que se desarrolla en otra dirección, lo que es perfectamente concebible cuando se trata de magnitudes espaciales o temporales, pero carece totalmente de sentido para las magnitudes aritméticas, para las cuales tal desarrollo es necesariamente único, no pudiendo ser otro que el de la serie misma de los números enteros. Los números negativos no son en modo alguno números "menores que el cero", lo que en el fondo no es si no una pura y simple imposibilidad, y el signo por el que están afectados no podría invertir el orden en el que se sitúan en cuanto a su tamaño; es suficiente además, para darse cuenta lo más claramente posible, con observar que el punto de coeficiente -2, por ejemplo, está más lejos del origen que el punto de coeficiente -1, y no menos lejos como sucedería forzosamente si el número -2 fuera realmente menor que el número -1; a decir verdad, no son en absoluto las distancias mismas, en tanto que objeto de medida, las que pueden ser cualificadas como negativas, sino únicamente el sentido en el que son recorridas; aparecen aquí dos temas totalmente distintos, y su confusión es el origen mismo de una gran parte de las dificultades lógicas que ocasiona esta notación de los números negativos.

Entre otras consecuencias extrañas o ilógicas de esta misma notación, señalaremos la consideración, introducida por la resolución de las ecuaciones algebraicas, de las cantidades llamadas "imaginarias"; éstas se presentan como raíces de los números negativos, lo que no responde de nuevo sino a un imposible; sin embargo podrían, entendiéndolas en otro sentido, corresponder a algo real; pero en todo caso, su teoría y su aplicación a la geometría analítica, tal como las exponen los matemáticos actuales, no aparecen más que como un verdadero tejido de confusiones e incluso de absurdos, y como el producto de una necesidad de generalizaciones excesivas y artificiales, que no retrocede ni siquiera ante el enunciado de propuestas manifiestamente contradictorias; ciertos teoremas sobre las "asíntotas del círculo", por ejemplo, serían ampliamente suficientes para demostrar que no exageramos en nada. Se podrá decir, es cierto, que no se trata de geometría propiamente dicha, sino únicamente de álgebra traducida al lenguaje geométrico; pero lo grave, precisamente, es que al ser posible en cierta medida tal traducción, así como su inversa, se extienda a casos en los que ya no significa nada, apareciendo aquí el síntoma de una extraordinaria confusión de ideas, al tiempo que el resultado final de un "convencionalismo" que llega hasta a hacer perder el sentido de toda realidad.

Esto aún no es todo, y hablaremos en último lugar de las consecuencias, también muy discutibles, del empleo de los números negativos desde el punto de vista de la mecánica; ésta por otra parte, es en realidad, por su objeto, una ciencia física, y el hecho de tratarla como parte integrante de las matemáticas no deja de introducir ya ciertas deformaciones. Digamos únicamente a este respecto, que los pretendidos "principios" sobre los que los matemáticos modernos hacen descansar esta ciencia tal y como la conciben (y, entre los diversos abusos que se han hecho de esta palabra de "principios", éste no es de los menos dignos de notar) no son propiamente sino hipótesis mejor o peor fundadas, o aún, en el caso más favorable, simples leyes más o menos generales, quizás más generales que otras, pero que no pueden ser sino aplicaciones, en un dominio todavía muy especial, de los verdaderos principios universales. Sin querer entrar en desarrollos demasiado largos, citaremos, como ejemplo del primer caso, el llamado "principio de inercia", que no justifica nada, ni la experiencia que demuestra al contrario que en la naturaleza no hay inercia en ninguna parte, ni el entendimiento que no puede concebir esta pretendida inercia, no pudiendo consistir ésta sino la ausencia completa de toda propiedad; se podría, si acaso, aplicar tal palabra a la potencialidad pura, pero ésta es seguramente otra cosa muy distinta de la "materia" cuantificada y cualificada que consideran los físicos. Un ejemplo del segundo caso es lo que se llama el "principio de la igualdad de la acción y de la reacción", que tiene tan poco de "principio" que se deduce inmediatamente de la ley general del equilibrio de las fuerzas naturales: cada vez que este equilibrio se rompe de alguna manera, tiende enseguida a restablecerse, de donde la intensidad de una reacción es equivalente a aquella de la acción que la ha provocado; este no es más que un simple caso particular de las "acciones y reacciones concordantes", que no conciernen únicamente al mundo corpóreo, sino al conjunto de la manifestación en todos sus modos y sus estados; y precisamente debemos insistir todavía un poco sobre esta cuestión del equilibrio.

Se representan generalmente dos fuerzas que se equilibran por dos "vectores" opuestos, es decir por dos segmentos de recta de igual longitud y sentido contrario: si dos fuerzas aplicadas en un mismo punto tienen igual intensidad y dirección pero sentido contrario, se equilibran; al no producirse entonces una acción en su punto de aplicación, se dice incluso que se anulan, sin tener en cuenta que si se suprime una de estas fuerzas la otra actúa al momento, lo que prueba que no estaba en modo alguno anulada en realidad. Las fuerzas se caracterizan por coeficientes proporcionales a sus respectivas intensidades, y dos fuerzas de sentido contrario se ven afectadas por coeficientes de distinto signo, uno positivo y el otro negativo: siendo uno f, el otro será -f'. En el caso que acabamos de considerar, teniendo las dos fuerzas igual intensidad, los coeficientes que las caracterizan deben ser iguales "en valor absoluto", y se tiene: f = f', de donde se deduce como condición de equilibrio: f - f' = 0, es decir que la suma de las dos fuerzas, o de los dos "vectores" que las representan, es nula, de manera que el equilibrio se define por el cero. Como los matemáticos además cometen el error de considerar al cero como una clase de símbolo de la nada (como si la nada pudiera ser simbolizada por algo), parece resultar de esto que el equilibrio es el estado de no-existencia, lo que es una consecuencia bastante singular; sin duda ésta es incluso la razón por la que, en lugar de decir que dos fuerzas que se equilibran se neutralizan, lo que sería exacto, se dice que se anulan, lo que es contrario a la realidad, como acabamos de hacer notar con una de las más simples observaciones.

La verdadera noción del equilibrio es totalmente distinta a ésta; para comprenderla, es suficiente con observar que todas las fuerzas naturales (y no solamente las fuerzas mecánicas, que digámoslo de nuevo, no son más que un caso muy particular) son o atractivas o repulsivas; las primeras pueden ser consideradas como fuerzas compresivas o de contracción, las segundas como fuerzas expansivas o de dilatación. Es fácil comprender que, en un medio primitivamente homogéneo, a toda compresión producida en un punto le corresponderá necesariamente en otro punto una expansión equivalente, e inversamente, de manera que se deberá siempre considerar correlativamente dos centros de fuerza en donde uno no puede existir sin el otro; esto es lo que se puede llamar la ley de la polaridad, que es aplicable a todos los fenómenos naturales, porque se deriva de la dualidad de los principios mismos que presiden toda manifestación, y que, en el ámbito del que se ocupan los físicos, es evidente sobre todo en los fenómenos eléctricos y magnéticos. Si ahora dos fuerzas, una compresiva y otra expansiva, actúan sobre un mismo punto, la condición para que se equilibren o se neutralicen, es decir, para que en ese punto no se produzca ni contracción ni dilatación, es que las intensidades de estas dos fuerzas sean, no diremos iguales, ya que son de especies diferentes, pero equivalentes. Las fuerzas se pueden caracterizar por coeficientes proporcionales a la contracción o a la dilatación que producen, de manera que, si se considera una fuerza compresiva y una fuerza expansiva, la primera estará afectada por un coeficiente $n > 1$, y la segunda por un coeficiente $n' < 1$; cada uno de estos coeficientes puede ser la relación de la densidad que toma el medio ambiente en el punto considerado, bajo la acción de la fuerza correspondiente, con la densidad primitiva de este mismo medio, supuesto homogéneo cuando no experimenta la acción de fuerza alguna, en virtud de una simple aplicación del principio de la razón suficiente. Cuando no se produce ni compresión ni dilatación, esta relación es forzosamente igual a la unidad, ya que la densidad del medio no se modifica; para que dos fuerzas actuando en un punto se equilibren, hace falta pues que su resultante tenga por coeficiente la unidad. Es fácil ver que el coeficiente de esta resultante es el producto (y ya no más la suma como en la concepción "clásica") de los coeficientes de las dos fuerzas consideradas; estos dos coeficientes n y n' deberán ser entonces dos números inversos uno de otro: $n' = 1/n$ y se tendrá como condición de equilibrio: $nn' = 1$; así, el equilibrio se definirá, ya no por el cero, sino por la unidad.

Se ve que esta definición del equilibrio por la unidad, que es la única real, corresponde al hecho de que la unidad ocupa el medio en la serie doblemente indefinida de los números enteros y de sus inversos, mientras que este lugar central es de alguna manera usurpado por el cero en la serie artificial de los números positivos y negativos. Lejos de ser el estado de no-existencia, el equilibrio es al contrario la existencia considerada en sí misma, independientemente de sus múltiples y secundarias manifestaciones; queda además bien entendido que no es en absoluto el No-Ser, en el sentido metafísico de esta palabra, ya que la existencia, incluso en este estado primordial e indiferenciado, no es aún sino el punto de partida de todas las manifestaciones diferenciadas, así como la unidad es el punto de partida de toda la multiplicidad de los números. Esta unidad, tal como la acabamos de considerar, y en la cual reside el equilibrio, es lo que la tradición extremo-oriental llama el "Invariable Medio"; y, según esta misma tradición, este equilibrio o esta armonía es, en el centro de cada estado y de cada modalidad del ser, el reflejo de la "Actividad del Cielo".

Terminando aquí este estudio, que no tiene en absoluto la pretensión de ser completo, sacaremos una conclusión de orden "práctico"; ésta indica bastante explícitamente porqué las concepciones de los matemáticos modernos no pueden inspirarnos más respeto que aquellas de los representantes de cualquier otra ciencia profana; a nuestros ojos sus opiniones y sus consejos no pueden tener peso alguno, y de ningún modo hemos de tenerlos en cuenta en apreciaciones que podremos tener ocasión de formular sobre tal o cual teoría, apreciaciones que para nosotros no pueden, en este o en cualquier otro ámbito, estar basadas únicamente en los fundamentos del conocimiento tradicional.

CAPÍTULO III

LAS ARTES Y SU CONCEPCIÓN TRADICIONAL[*]

Hemos insistido frecuentemente en el hecho de que las ciencias profanas no son sino el producto de una degeneración relativamente reciente, debida a la incomprensión de las antiguas ciencias tradicionales, o más bien solamente de algunas, habiendo caído las demás enteramente en el olvido. Lo que es cierto a este respecto para las ciencias lo es también para las artes y por otra parte la distinción entre unas y otras era mucho menos acentuada antiguamente que lo es hoy; la palabra latina artes a veces se aplicaba también a las ciencias y, en la Edad Media, la enumeración de las "artes liberales" reunía elementos que los modernos colocarían en una u otra categoría. Sólo esta observación bastaría para mostrar que el arte era entonces algo diferente de lo que se concibe en la actualidad con este nombre, y que implicaba un verdadero conocimiento con el cual formaba cuerpo en cierto modo; y este conocimiento no podía ser evidentemente más que del orden de las ciencias tradicionales.

---

[*] Publicado en Voile d'Isis, París, abril de 1935.

Sólo así se puede comprender por qué motivo, en algunas organizaciones iniciáticas de la Edad Media como los "Fieles de Amor", las siete "artes liberales" se habían puesto en correspondencia con los "cielos", es decir, con estados que se identificaban, precisamente, con los diferentes grados de la iniciación[37]. Era preciso para ello que las artes, tanto como las ciencias, fueran susceptibles de una transposición que les diera un valor esotérico real; y lo que hace posible tal transposición es la naturaleza misma de los conocimientos tradicionales que, de cualquier orden que sean, están siempre relacionados en lo esencial con los principios trascendentes. Estos conocimientos reciben por ello un significado que puede denominarse simbólico, puesto que está fundamentado en la correspondencia que existe entre los diversos órdenes de la realidad; pero aquello sobre lo que se debe insistir, es en que no se trata aquí de algo que sería como sobreañadido accidentalmente, sino al contrario, de aquello que constituye la esencia profunda de todo conocimiento normal y legítimo y que, como tal, es inherente a las ciencias y a las artes desde su origen mismo y lo sigue siendo mientras no han sufrido alguna desviación.

No ha lugar para sorprenderse de que las artes pudiesen ser enfocadas desde este punto de vista, si se advierte que los oficios mismos, en su concepción tradicional, sirven de base a una iniciación, como lo hemos expuesto aquí mismo[38].

---

[37] Véase L'Esotérisme de Dante, pags. 10-15.
[38] Cf. cap. I, 2ª parte del presente libro: "La Iniciación y los oficios".

Debemos además recordar a este respecto lo que decíamos entonces, que la distinción entre las artes y los oficios aparece como específicamente moderna y como no siendo en suma más que una consecuencia de esta misma degeneración que ha dado vida al punto de vista profano, puesto que este último, precisamente, no expresa otra cosa que la negación misma del espíritu tradicional. En el fondo, ya se trate de arte o de oficio, existía siempre, en un grado o en otro, la aplicación y la utilización de ciertos conocimientos de orden superior, que se vinculaban progresivamente con el mismo conocimiento iniciático; y además, la utilización directa del conocimiento iniciático recibía también el nombre de arte, como se ve claramente en algunas expresiones como las de "arte sacerdotal" y "arte real", que se relacionan con las aplicaciones respectivas de los "grandes misterios" y de los "pequeños misterios".

Si ahora consideramos las artes dando a esta palabra una acepción más restringida y al mismo tiempo más usual, esto es, lo que más precisamente se denomina las "bellas artes", podemos decir, según lo que precede, que cada una de ellas debe constituir como un lenguaje simbólico adaptado a la expresión de ciertas verdades por medio de formas que son, para unas, de orden visual y, para otras, de orden auditivo o sonoro, de ahí viene, por consiguiente, su división usual en dos grupos, el de las "artes plásticas" y el de las "artes fonéticas". En estudios anteriores, hemos explicado que esta distinción, así como aquella que se hace entre dos tipos de ritos correspondientes y fundamentados en las mismas categorías de formas simbólicas, en el origen, se relaciona con la diferencia que existe entre las tradiciones de los pueblos sedentarios y aquellas de los pueblos nómadas[39]. Por otra parte, ya se trate de las artes tanto de uno como de otro género, es fácil comprobar que, de forma muy general, tienen, en una civilización, un carácter que es más claramente simbólico cuanto más estrictamente tradicional es esta civilización; en efecto, lo que entonces constituye su valor verdadero, no es tanto lo que son en sí mismas, sino las posibilidades de expresión que proporcionan, más allá de aquellas a las que se limita el lenguaje ordinario. En una palabra, sus producciones están destinadas ante todo para servir de "soportes" a la meditación, de "puntos de apoyo" para una comprehensión tan profunda y tan amplia como sea posible, lo cual constituye la razón misma de ser de todo simbolismo[40]; y todo, en ellas, hasta en los mínimos detalles, debe estar determinado por esta consideración y subordinado a este fin, sin ninguna añadidura inútil desprovista de significado o destinada a jugar un papel simplemente "decorativo" u "ornamental"[41].

Es evidente que tal concepción está sumamente alejada de todas las teorías modernas y profanas, como lo es por ejemplo

---

[39] Véase Caín y Abel" en El Reino de la Cantidad y los Signos de los tiempos, cap. XXI, y además "El rito y el símbolo" en Apreciaciones sobre la Iniciación, cap. XVI.

[40] Es la noción hindú de pratika, que no es ni un "ídolo" ni una obra de imaginación y de fantasía individual; estas dos interpretaciones occidentales, de alguna forma opuestas, son una y otra igualmente falsas.

[41] La degeneración de algunos símbolos en motivos ornamentales, porque se ha dejado de comprender su sentido, es uno de los rasgos característicos de la desviación profana.

la teoría del "arte por el arte" que, en el fondo, viene a decir que el arte sólo es lo que debe ser cuando no significa nada, o aún aquella del arte "moralizador" que evidentemente no tiene mayor valor desde el punto de vista del conocimiento. Desde luego, el arte tradicional no es un "juego", según la expresión tan querida por algunos psicólogos, o simplemente un modo de proporcionar al hombre un tipo de placer especial, calificado de "superior" sin que se sepa muy bien el porqué, pues, tratándose sólo de placer, todo se reduce a puras preferencias individuales entre las cuales no se puede establecer lógicamente ninguna jerarquía; y tampoco es una vana declamación sentimental, para la cual el lenguaje ordinario, desde luego, es más que suficiente, sin que exista ninguna necesidad de recurrir a formas más o menos misteriosas o enigmáticas, y, en todo caso, mucho más complicadas de lo que tendrían que expresar. Esto nos da ocasión para recordar de pasada, pues son cosas sobre las que nunca se insistirá demasiado, la perfecta nulidad de las interpretaciones "morales" que algunos pretenden dar a todo simbolismo, incluso al simbolismo iniciático propiamente dicho: si verdaderamente sólo se tratara de semejantes banalidades, no se entiende porqué ni cómo se habría pensado jamás en "velarlas" de cualquier forma, acción de la que prescinden muy bien cuando son enunciadas por la filosofía profana, y más valdría decir entonces, muy sencillamente, que no hay en realidad ni simbolismo ni iniciación.

Dicho esto, se puede preguntar cuáles son, entre las

diversas ciencias tradicionales, las artes que de éstas dependen de forma más directa, lo cual, por supuesto, no excluye que también tengan relaciones más o menos constantes con las demás, pues aquí todo está íntimamente relacionado y se enlaza necesariamente en la unidad fundamental de la doctrina que la multiplicidad de sus aplicaciones no podría destruir ni tampoco afectar; la concepción de ciencias estrictamente "especializadas" y enteramente separadas unas de otras es claramente antitradicional pues manifiesta un defecto de principio, y es característica del espíritu "analítico" que inspira y rige las ciencias profanas, mientras que todo punto de vista tradicional no puede ser más que esencialmente "sintético". Con esta reserva, se puede decir que lo que constituye el fondo mismo de todas las artes es principalmente una aplicación de la ciencia del ritmo en sus diferentes formas, ciencia que se relaciona ella misma directamente con la del número; y, por otro lado, debe entenderse bien que, cuando hablamos de ciencia del número, no se trata de la aritmética profana tal como la entienden los modernos, sino de aquello cuyos ejemplos más conocidos se encuentran en la Kábala y en el Pitagorismo, y cuyo equivalente existe también en todas las doctrinas tradicionales, con expresiones variadas y con desarrollos más o menos extensos.

Lo que acabamos de decir puede resultar evidente sobre todo en las artes fonéticas, cuyas producciones están todas constituidas por conjuntos de ritmos que se despliegan en el tiempo; y la poesía debe a su carácter rítmico el haber sido primitivamente el modo de expresión ritual de la "lengua de los Dioses", o de la "lengua sagrada" por excelencia[42], función de la cual conservó algo incluso hasta una época relativamente cercana a nosotros, cuando aún no se había inventado la "literatura"[43]. En cuanto a la música, sería sin duda inútil insistir en ello, y su base numérica está todavía reconocida por los mismos modernos, aunque falseada por la pérdida de los datos tradicionales; en la antigüedad, como se ve de forma particularmente clara en el Extremo Oriente, sólo se podían aportar a la música las modificaciones que estuvieran acordes con ciertos cambios que ocurrían en el mismo estado del mundo, de acuerdo con los periodos cíclicos, pues los ritmos musicales estaban íntimamente ligados con el orden humano y social y con el orden cósmico a la vez, e incluso expresaban de cierta manera las relaciones existentes entre uno y otro; la concepción pitagórica de la "armonía de las esferas" por otra parte se relaciona exactamente con este mismo orden de consideraciones.

Para las artes plásticas, cuyas producciones se desarrollan

---

[42] Véase "La Lengua de los Pájaros" en Símbolos de la Ciencia Sagrada.

[43] Es bastante curioso observar que los "eruditos" modernos han llegado a aplicar esta palabra "literatura" a todo indistintamente, incluso a las sagradas Escrituras que tienen la pretensión de estudiar exactamente como lo demás y con los mismos métodos; y, cuando hablan de "poemas bíblicos" o de "poemas védicos" desconociendo por completo lo que era la poesía para los antiguos, su intención es todavía la de reducir todo a algo puramente humano.

Es bastante curioso observar que los "eruditos" modernos han llegado a aplicar esta palabra "literatura" a todo indistintamente, incluso a las sagradas Escrituras que tienen la pretensión de estudiar exactamente como lo demás y con los mismos métodos; y, cuando hablan de "poemas bíblicos" o de "poemas védicos" desconociendo por completo lo que era la poesía para los antiguos, su intención es todavía la de reducir todo a algo puramente humano.

por extensión en el espacio, puede ser que lo anterior no resulte evidente de forma tan inmediata, y, sin embargo, no es menos rigurosamente verdadero; sólo que el ritmo está, entonces, por así decirlo, fijado simultáneamente, en lugar de desarrollarse en sucesión como en el caso anterior. Esto lo podemos comprender sobre todo advirtiendo que, en este segundo grupo, el arte típico y fundamental es la arquitectura, de la cual las demás, como la escultura y la pintura, en el fondo, sólo son simples dependencias, al menos en lo que corresponde a su destino original; pues bien, en la arquitectura, el ritmo se expresa directamente por medio de las proporciones que existen entre las diversas partes del conjunto y también por medio de las formas geométricas que, en definitiva, desde el punto de vista que consideramos, no son más que la traducción espacial de los números y de sus relaciones[44]. Evidentemente, aquí una vez más, la geometría debe ser considerada de una forma muy diferente de como la consideran los matemáticos profanos, y cuya anterioridad en relación con esta última constituye el desmentido más completo a aquellos que quieren atribuir a esta ciencia un origen "empírico" y utilitario; y, por otra parte, como decíamos anteriormente, tenemos en ello un ejemplo de como las ciencias están ligadas entre sí desde el punto de vista tradicional, a tal punto que se las podría incluso considerar a

---

[44] Es oportuno señalar, a este respecto, que el "Dios geómetra" de Platón se identifica propiamente con Apolo, quien preside todas las artes; esto, que por otra parte ha derivado directamente del pitagorismo, tiene una importancia particular en lo que concierne a la filiación de algunas doctrinas tradicionales helénicas y su conexión con un origen primitivo "hiperbóreo".

veces como sólo siendo de alguna manera las expresiones de las mismas verdades en lenguas diferentes, lo cual es además sólo una consecuencia muy natural de la "ley de las correspondencias" que es el fundamento propio de todo simbolismo.

Estas pocas nociones, por sumarias e incompletas que sean, bastarán al menos para hacer comprender lo que hay de esencial en la concepción tradicional de las artes y lo que diferencia más profundamente ésta última de la concepción profana, al mismo tiempo en cuanto a su base, como aplicaciones de algunas ciencias, en cuanto a su significado, como modalidades diversas del lenguaje simbólico, y, en cuanto a su destino, como medios para ayudar al hombre a acercarse al conocimiento verdadero.

CAPÍTULO IV

LAS CONDICIONES DE

LA EXISTENCIA CORPORAL[*]

Según el Sânkhya de Kapila, existen cinco tanmâtras o esencias elementales, perceptibles (o más bien "concebibles") idealmente, pero incomprehensibles e inasibles bajo un modo cualquiera de la manifestación universal, ya que son no manifestados en sí mismos; por esta razón, no es posible atribuirles denominaciones particulares, pues no pueden ser definidos por ninguna representación formal[45]. Estos tanmâtras son los principios potenciales, o, por emplear una expresión platónica, las "ideas-arquetipos" de los cinco elementos del mundo físico material, así como, por supuesto, de una indefinidad de otras modalidades de la existencia manifestada, correspondientes analógicamente a estos elementos en los múltiples grados de esta existencia; y, según la misma correspondencia, estas ideas principiales

---

[*] Publicado en "La Gnose", París, enero y febrero de 1912, con el seudónimo T. Palingénius. Recopilado en Mélanges, París, 1976, sin las notas referentes a anteriores artículos de Palingénius en La Gnose.

[45] No se puede más que designarlos por analogía con los diferentes órdenes de cualidades sensibles, pues solamente así podemos conocerlos (indirectamente, por algunos de sus efectos particulares), en tanto que pertenecemos, como seres individuales y relativos, al mundo de la manifestación.

implican también en potencia, respectivamente, las cinco condiciones cuyas combinaciones constituyen los límites de esa posibilidad particular de manifestación a la que denominamos existencia corporal. De este modo, los cinco tanmâtras o ideas principiales son los elementos "esenciales", las causas primordiales de los cinco elementos "substanciales" de la manifestación física, que no son sino determinaciones particulares de sus modificaciones exteriores. En esta modalidad física, se expresan en las cinco condiciones según las cuales se formulan las leyes de la existencia corporal[46]; la ley, intermediaria entre el principio y la consecuencia, traduce la relación de la causa al efecto (relación en la cual se puede considerar a la causa como activa y al efecto como pasivo), o de la esencia a la substancia, consideradas como alef y tav, los dos puntos extremos de la modalidad de manifestación que se considere (y que, en la universalidad de su extensión, lo son igualmente para cada modalidad). Pero ni la esencia ni la substancia pertenecen en sí mismas al dominio de esta manifestación, como tampoco los dos extremos del Yin-yang están contenidos en el plano de la curva cíclica; están a una parte y a otra de este plano, y por ello, en realidad, la curva de la existencia jamás se cierra.

Los cinco elementos del mundo físico son[47], como se sabe,

---

[46] Los cinco tanmâtras no pueden sin embargo ser considerados como manifestados por estas condiciones, al igual que tampoco por los elementos y las cualidades sensibles que corresponden a éstos; es, por el contrario, por los cinco tanmâtras (en tanto que principio, soporte y fin) que todas estas cosas son manifestadas, y posteriormente todo lo que resulta de sus indefinidas combinaciones.

[47] Cada uno de estos elementos primitivos es llamado bhûta, de bhû, "ser", más particularmente

el Éter (Akâsha), el Aire (Vâyu), el Fuego (Tejas), el Agua (Apa) y la Tierra (Prithvî); el orden en el cual son enumerados es aquel de su desarrollo, conforme a la enseñanza del Vêda[48]. A menudo se ha querido asimilar los elementos a los diferentes estados o grados de condensación de la materia física, produciéndose a partir del Éter primordial homogéneo, que ocupa toda la extensión, uniendo entre sí todas las partes del mundo corporal; desde este punto de vista, se hace corresponder, yendo de lo más denso a lo más sutil, es decir, en el orden inverso al de su diferenciación, la Tierra con el estado sólido, el Agua con el estado líquido, el Aire con el estado gaseoso, y el Fuego con un estado aún más rarificado, semejante al "estado radiante" recientemente descubierto por los físicos y estudiado actualmente por ellos, con ayuda de sus especiales métodos de observación y experimentación. Este punto de vista encierra sin duda una parte de verdad, pero es demasiado sistemático, es decir, está demasiado estrictamente particularizado, y el orden que establece entre los elementos difiere del anterior en un punto, pues sitúa al Fuego antes del Aire e inmediatamente después del Éter, como si fuera el primer elemento en diferenciarse en el seno del medio cósmico original. Por el contrario, según la enseñanza conforme a la doctrina ortodoxa, es el Aire el primer elemento, y este Aire, elemento neutro (que no contiene más

---

en el sentido de "subsistir"; este término bhûta implica entonces una determinación substancial, lo que corresponde, en efecto, a la idea de elemento corporal.

[48] El origen del Éter y del Aire, no mencionado en el texto del Vêda donde se describe la génesis de los otros tres elementos (Chândogya Upanishad) está indicado en otro pasaje (Taittiriyaka Upanishad).

que en potencia la dualidad activo-pasivo), produce en sí mismo, al diferenciarse por polarización (haciendo pasar esa dualidad de la potencia al acto), el Fuego, elemento activo, y el Agua, elemento pasivo (o podría decirse "reactivo", es decir, que actúa de modo reflejo, correlativamente a la acción en modo espontáneo del elemento complementario), cuya acción y reacción recíproca da nacimiento (por una especie de cristalización o de precipitación residual) a la Tierra, "elemento final" de la manifestación corporal. Podríamos considerar más exactamente a los elementos como diferentes modalidades vibratorias de la materia física, modalidades en las cuales se hace sucesivamente perceptible (en una sucesión puramente lógica, evidentemente)[49] a cada uno de los sentidos de nuestra individualidad corporal; por otra parte, todo esto será suficientemente explicado y justificado en las consideraciones que expondremos a continuación.

Debemos, ante todo, establecer que el Éter y el Aire son elementos distintos, contrariamente a lo que sostienen algunas escuelas heterodoxas[50]; pero, para hacer más comprensible lo que diremos acerca de esta cuestión, recordaremos que las cinco condiciones a las que está

---

[49] En efecto, no podemos pensar en modo alguno en realizar una concepción del género de la estatua ideal imaginada por Condillac en su Traité des sensations.

[50] Especialmente los Jainistas, los Bauddhas y los Chârvâkas, con los cuales la mayoría de los filósofos atomistas griegos están, sobre este punto, de acuerdo; no obstante, es preciso hacer una distinción con Empédocles, que admitía los cinco elementos, aunque los suponía desarrollados en el siguiente orden: el Éter, el Fuego, la Tierra, el Agua y el Aire; no insistiremos aquí sobre ello, pues no nos proponemos examinar las opiniones de las diferentes escuelas griegas de "filosofía física".

sometida en su conjunto la existencia corporal son el espacio, el tiempo, la materia, la forma y la vida. Además, podemos, para reunir en una sola definición el enunciado de las cinco condiciones, decir que un cuerpo es "una forma materializada viviendo en el tiempo y en el espacio"; por otra parte, cuando empleamos la expresión "mundo físico" es siempre como sinónimo de "dominio de la manifestación corporal[51]". No es sino provisionalmente que hemos enumerado estas condiciones en el orden precedente, sin tomar en cuenta las relaciones que existen entre ellas, hasta que no hayamos determinado, en el curso de nuestra exposición, sus respectivas correspondencias con los cinco sentidos y con los cinco elementos, que, por otra parte, están igualmente sometidos al conjunto de estas cinco condiciones.

1º, el Akâsha, el Éter, que es considerado como el elemento más sutil y del que proceden todos los demás (formando, con respecto a su unidad primordial, un cuaternario de manifestación), ocupa todo el espacio físico, tal como hemos indicado[52]; no obstante, no es inmediatamente por él como este espacio es percibido, y su cualidad particular no es la extensión, sino el sonido; esto precisa de algunas aclaraciones. En efecto, el Éter, considerado en sí mismo, es primitivamente homogéneo; su diferenciación, que engendra

---

[51] La carencia de expresiones adecuadas, en las lenguas occidentales, es a menudo una gran dificultad para la exposición de las ideas metafísicas, como ya hemos señalado en numerosas ocasiones.

[52] "El Éter, que está extendido por todas partes, penetra al mismo tiempo el exterior y el interior de las cosas" (cita de Shankarâchârya, en Le Démiurge, cap. I, 1ª parte del presente volumen).

a los restantes elementos (comenzando por el Aire) tiene por origen un movimiento elemental que se produce, a partir de un punto inicial cualquiera, en ese medio cósmico indefinido. Tal movimiento elemental es el prototipo del movimiento vibratorio de la materia física; desde el punto de vista espacial, se propaga alrededor de su punto de partida de modo isótropo, es decir, mediante ondas concéntricas, en un vórtice helicoidal que sigue todas las direcciones del espacio, lo que constituye la figura de una esfera indefinida que jamás se cierra. Para indicar las relaciones que ligan entre sí a las diferentes condiciones de la existencia corporal, tal como las hemos enumerado anteriormente, añadiremos que esta forma esférica es el prototipo de todas las formas: ella las contiene a todas en potencia, y su primera diferenciación en modo polarizado puede ser representada por la figura del Yin-yang, lo que es fácil de entender si nos referimos, por ejemplo, a la concepción simbólica del Andrógino de Platón[53].

El movimiento, incluso elemental, supone necesariamente el espacio, así como el tiempo, y se puede decir que es en cierto modo la resultante de estas dos condiciones, puesto que necesariamente depende de ellas, al igual que el efecto depende de la causa (en la cual está implícito en potencia)[54]; pero no es el movimiento elemental, por sí mismo, lo que nos

---

[53] Esto podría también apoyarse en diversas consideraciones de orden embriológico, pero nos apartaría demasiado de nuestro tema, por lo que no podemos hacer más que indicar simplemente este punto de pasada.

[54] Sin embargo, es evidente que el movimiento no puede comenzar, en las condiciones espacial y temporal que hacen posible su producción, más que bajo la acción (actividad exteriorizada en modo reflejo) de una causa principal que es independiente de estas condiciones (ver más adelante).

da inmediatamente la percepción del espacio (o más exactamente de la extensión). En efecto, es importante considerar que, cuando hablamos del movimiento que se produce en el Éter en el origen de toda diferenciación, no se trata exclusivamente sino del movimiento elemental, al que podemos llamar movimiento ondulatorio o vibratorio simple (de longitud de onda y de período infinitesimales) para indicar su modo de propagación (que es uniforme en el espacio y en el tiempo), o más bien la representación geométrica de éste; es solamente considerando los restantes elementos como podemos entender las complejas modificaciones de este movimiento vibratorio, modificaciones que corresponden para nosotros a diversos órdenes de sensaciones. Esto es muy importante, puesto que precisamente sobre este punto se apoya toda la distinción fundamental entre las cualidades propias del Éter y las del Aire.

Debemos preguntarnos ahora cuál es, entre las sensaciones corporales, la que nos presenta el tipo sensible del movimiento vibratorio, la que nos lo hace percibir en modo directo, sin pasar por una u otra de las diversas modificaciones de las que es susceptible. Ahora bien, la física elemental nos enseña que estas condiciones son cumplidas por la vibración sonora, cuya longitud de onda está comprendida, al igual que su velocidad de propagación[55], en

---

[55] La velocidad, en un movimiento cualquiera, es la relación, en cada instante, entre el espacio recorrido y el tiempo empleado en recorrerlo; y, en su fórmula general, esta relación (constante o

los límites apreciables por nuestra percepción sensible; se puede decir entonces, por consiguiente, que es el sentido del oído lo que percibe directamente el movimiento vibratorio. Aquí se objetará sin duda que no es la vibración etérica lo que es percibido en modo sonoro, sino la vibración de un medio gaseoso, líquido o sólido; no es menos cierto que es el Éter lo que constituye el medio original de propagación del movimiento vibratorio, el cual, para entrar en los límites de perceptibilidad que corresponden a la extensión de nuestra facultad auditiva, solamente debe ser amplificado por su propagación a través de un medio más denso (materia ponderable), sin por ello perder su carácter de movimiento vibratorio simple (aunque su longitud de onda y su período no sean ya entonces infinitesimales). Para manifestar así la cualidad sonora, es preciso que este movimiento la posea ya en potencia (directamente)[56] en su medio original, el Éter, luego, consecuentemente, esta cualidad, en estado potencial (de indiferenciación primordial) constituye su naturaleza característica con respecto a nuestra sensibilidad corporal[57].

---

variable según el movimiento sea o no uniforme) expresa la ley determinante del movimiento considerado (ver más adelante).

[56] También posee en potencia las demás cualidades sensibles, aunque indirectamente, puesto que no puede manifestarlas, es decir, producirlas en acto, más que mediante complejas modificaciones diferentes (la amplificación no constituye, por el contrario, sino una modificación simple, la primera de todas).

[57] Por otra parte, esta misma cualidad sonora pertenece igualmente a los otros cuatro elementos, no ya como cualidad propia o característica, sino en tanto que todos proceden del Éter; cada elemento, derivando inmediatamente del que le precede en la serie que indica el orden de su desarrollo sucesivo, es perceptible a los mismos sentidos que éste, y, además, a otro sentido que corresponde a su propia naturaleza particular.

Por otra parte, si recordamos cuál de los cinco sentidos es aquel en el que el tiempo nos es más particularmente manifiesto, es fácil darse cuenta de que se trata del sentido del oído; éste es por lo demás un hecho que puede ser verificado experimentalmente por todos aquellos que están habituados a controlar el origen respectivo de sus diversas percepciones. La razón por la cual esto es así consiste en lo siguiente: para que el tiempo pueda ser percibido materialmente (es decir, entrar en relación con la materia, en lo que concierne especialmente a nuestro organismo corporal), es preciso que se haga susceptible de ser medido, pues éste es, en el mundo físico, un carácter general de toda cualidad sensible (cuando se la considera en tanto que tal)[58]; ahora bien, el tiempo no puede ser directamente percibido por nosotros, ya que no es divisible en sí mismo, y no podemos concebir la medida sino por la división, al menos de una forma normal y sensible (pues, no obstante, se pueden concebir otros modos de medida, como la integración, por ejemplo). El tiempo no será entonces mensurable en tanto no se exprese en función de una variable divisible, y, como más adelante veremos, esta variable no puede ser más que el espacio, siendo la divisibilidad una cualidad esencialmente inherente a éste. Por lo tanto, para medir el tiempo nos es necesario considerarlo en tanto que entra en relación con el espacio, con el que se

---

[58] Este carácter es tal por la presencia de la materia entre las condiciones de la existencia física; pero, para realizar la medida, debemos referir todas las demás condiciones al espacio, como vemos aquí en lo referente al tiempo; medimos a la propia materia por división, y no es divisible sino en tanto que es extensa, es decir, en tanto que está situada en el espacio (ver más adelante la demostración del absurdo de la teoría atomista).

combina en cierto modo, y el resultado de esta combinación es el movimiento, en el cual el espacio recorrido, siendo la suma de una serie de desplazamientos elementales considerados en modo sucesivo (es decir, precisamente en la condición temporal) está en función[59] del tiempo empleado en recorrerlo; la relación existente entre este espacio y este tiempo expresa la ley del movimiento considerado[60]. A la inversa, el tiempo podrá entonces expresarse en función del espacio, invirtiendo la relación considerada anteriormente existente entre ambas condiciones en un movimiento determinado; esto implica considerar a este movimiento como una representación espacial del tiempo. La representación más natural será aquella que se traduzca numéricamente por la función más simple; será entonces un movimiento oscilatorio (rectilíneo o circular) uniforme (es decir, de velocidad o de período oscilatorio constante), que puede ser entendido como una especie de amplificación (implicando, por otra parte, una diferenciación con respecto a las direcciones del espacio) del movimiento vibratorio elemental; puesto que tal es también el carácter de la vibración sonora, se comprende inmediatamente con ello que sea el oído lo que, entre los sentidos, nos ofrezca especialmente la percepción del tiempo.

Es preciso ahora que señalemos que, si el espacio y el

---

[59] En el sentido matemático de una cantidad variable que depende de otra.

[60] Ésta es la fórmula de la velocidad, de la que ya hemos hablado y que, considerada en cada instante (es decir, en las variaciones infinitesimales del tiempo y el espacio), representa la derivada del espacio con respecto al tiempo.

tiempo son condiciones necesarias del movimiento, no son en absoluto sus causas primeras; en sí mismos son efectos, por medio de los cuales se manifiesta el movimiento, otro efecto más (secundario con respecto a los anteriores, que en este sentido pueden ser considerados como causas inmediatas, ya que es condicionado por ellos) de las causas esenciales, que contienen potencialmente la integralidad de todos sus efectos, y que se sintetizan en la Causa total y suprema, concebida como la Potencia Universal, ilimitada e incondicionada[61]. Por otra parte, para que el movimiento pueda realizarse en acto,

---

[61] Esto está muy claramente expresado en el simbolismo bíblico: en lo que concierne a la aplicación cosmogónica especial del mundo físico, Qaïn ("el fuerte y potente transformador, aquel que centraliza y asimila") corresponde al tiempo, Habel ("el dulce y pacífico liberador, quien libra y sosiega, quien evapora, quien fue el centro"), al espacio, y Sheth ("la base y el fondo de las cosas") al movimiento (ver los trabajos de Fabre d'Olivet). El nacimiento de Qaïn precede al de Habel, es decir, la manifestación perceptible del tiempo precede (lógicamente) a la del espacio, al igual que el sonido es la primera de las cualidades sensibles; la muerte de Habel en manos de Qaïn representa entonces la destrucción aparente, en la exterioridad de las cosas, de la simultaneidad por parte de la sucesión; el nacimiento de Sheth es consecutivo a esta muerte, está como condicionado por aquello que representa, y no obstante Sheth, o el movimiento, no procede de Qaïn y Habel, o del tiempo y el espacio, aunque su manifestación sea una consecuencia de la acción del uno sobre el otro (considerando entonces al espacio como pasivo respecto al tiempo); como ellos, nace del propio Adam, es decir, procede tan directamente como ellos de la exteriorización de las potencias del Hombre Universal, quien, como dice Fabre d'Olivet, lo ha "generado por medio de su facultad asimiladora y su sombra reflejada". El tiempo, en sus tres aspectos de pasado, presente y futuro, une entre sí todas las modificaciones, consideradas en tanto que sucesivas, de cada uno de los seres a quienes conduce, a través de la Corriente de las Formas, hacia la Transformación final; así, Shiva, bajo el aspecto de Mahâdêva, con sus tres ojos y esgrimiendo el trishûla (tridente), se mantiene en el centro de la Rueda de las Cosas. El espacio, producido por la expansión de las potencialidades de un punto principial y central, hace coexistir en su unidad la multiplicidad de las cosas, que, consideradas (exterior y analíticamente) como simultáneas, están todas contenidas en él y penetradas por el Éter, que todo lo abarca; del mismo modo, Vishnú, en su aspecto de Vâsudêva, manifiesta las cosas, las penetra en su esencia íntima a través de múltiples modificaciones, repartidas en la circunferencia de la Rueda de las Cosas, sin que la unidad de su Esencia suprema sea alterada (cf. Bhagavad-Gita, X). En fin, el movimiento, o de toda modificación o diversificación en lo manifestado, ley cíclica y evolutiva, que manifiesta Prajâpati, o Brahmâ considerado en tanto que "Señor de las Criaturas", al mismo tiempo que es "el Substanciador y el Sustentador orgánico".

es preciso que algo sea movido, o, dicho de otro modo, una substancia (en el sentido etimológico de la palabra)[62] sobre la cual se ejerza; lo que es así movido es la materia, que no interviene en la producción del movimiento más que como una condición puramente pasiva. Las reacciones de la materia sometida al movimiento (puesto que la pasividad implica siempre una reacción) desarrollan en ella las diferentes cualidades sensibles, que, como ya hemos dicho, corresponden a los elementos cuyas combinaciones constituyen esa modalidad de la materia que conocemos (en tanto que objeto, no de percepción, sino de pura concepción)[63] como el "substrato" de la manifestación física. En este dominio, la actividad no es entonces inherente a la materia y espontánea en ella, sino que le pertenece, de una forma refleja, en tanto que esta materia coexiste con el espacio y con el tiempo, y es esta actividad de la materia en movimiento la que constituye, no la vida en sí misma, sino la manifestación de la vida en el dominio que consideramos. El primer efecto de esta actividad es el de dar forma a esta materia, ya que es necesariamente informe en tanto que está en el estado homogéneo e indiferenciado, que es el del Éter primordial; es solamente susceptible de tomar todas las formas que están potencialmente contenidas en la extensión integral de su posibilidad particular[64]. Se puede decir entonces

---

[62] Y no en el sentido en el que lo entiende Spinoza.

[63] Cf. el dogma de la "Inmaculada Concepción" (ver "Páginas dedicadas a Sahaïf Ataridiyah", por Abdûl-Hâdi, en La Gnose, enero de 1911, p. 35.

[64] Ver Le Démiurge, aquí mismo, cap. I, 1ª parte (cita del Vêda).

que es también el movimiento lo que determina la manifestación de la forma en modo físico o corporal; y, al igual que toda forma procede por diferenciación de la forma esférica primordial, todo movimiento puede reducirse a un conjunto de elementos de los cuales cada uno es un movimiento vibratorio helicoidal, que no se diferenciará del vórtice esférico elemental en tanto el espacio no sea considerado como isótropo.

Hemos debido considerar el conjunto de las cinco condiciones de la existencia corporal, y deberemos volver sobre ello, desde puntos de vista diferentes, a propósito de cada uno de los cuatro elementos de los que nos queda por estudiar sus respectivos caracteres.

2º, Vâyu es el Aire, y más particularmente el Aire en movimiento (o considerado como principio del movimiento diferenciado[65], pues esta palabra, en su primitivo significado, designa propiamente el soplo o el viento)[66]; la movilidad es entonces considerada como la naturaleza característica de este elemento, que es el primero diferenciado a partir del Eter

---

[65] Esta diferenciación implica ante todo la idea de una o más direcciones especializadas en el espacio, como ahora veremos.

[66] La palabra Vâyu deriva de la raíz verbal vâ, ir, moverse (que incluso se ha conservado en francés: il va, mientras que las raíces i y gâ, que se refieren a la misma idea, se encuentran respectivamente en el latín ire y en el inglés to go). Análogamente, el aire atmosférico, en tanto que medio que rodea a nuestro cuerpo y que se impresiona en nuestro organismo, se nos hace sensible por su desplazamiento (estado cinético y heterogéneo) antes de que percibamos su presión (estado estático y homogéneo). Recordemos que Aer (de la raíz hebrea Ar, formada por las partículas alef y resh, que se refiere particularmente al movimiento rectilíneo) significa, según Fabre d'Olivet, "lo que da a todo el principio del movimiento".

primordial (y que todavía es neutro como éste, al no aparecer la polarización exterior más que en la dualidad en modo complementario del Fuego y el Agua). En efecto, esta primera diferenciación necesita un movimiento complejo, constituido por un conjunto (combinación o coordinación) de movimientos vibratorios elementales, y que determina una ruptura de la homogeneidad del medio cósmico, propagándose según ciertas direcciones particulares y determinadas a partir de su punto de origen.

Desde que tiene lugar esta diferenciación, el espacio no debe ser ya considerado como isótropo; por el contrario, puede ser referido entonces a un conjunto de numerosas direcciones definidas, tomadas como ejes de coordenadas, y que, sirviendo para medirlo en una proporción cualquiera de su extensión, e incluso, teóricamente, en la totalidad de ésta, son lo que se designa como las direcciones del espacio. Estos ejes de coordenadas serán (al menos en la noción ordinaria del espacio llamado "euclidiano", que corresponde directamente a la percepción sensible de la extensión corporal) tres diámetros ortogonales del esferoide indefinido que comprende toda la extensión de su despliegue, y su centro podrá ser un punto cualquiera de esta extensión, que será entonces considerada como el producto del desarrollo de todas las virtualidades espaciales contenidas en ese punto (principialmente indeterminado). Es importante notar que el punto, en sí mismo, no está en absoluto contenido en el espacio y no puede en modo alguno estar condicionado por éste, ya que, por el contrario, es el punto lo que crea al espacio desde su "ipseidad" desdoblada o polarizada en esencia y substancia[67], lo que significa que lo contiene en potencia; es el espacio lo que procede del punto, y no el punto lo que es determinado por el espacio; pero, secundariamente (no siendo toda manifestación o modificación exterior sino contingente y accidental con respecto a su "naturaleza íntima"), el punto se determina a sí mismo en el espacio para realizar la extensión actual de sus potencialidades de indefinida multiplicación (de él mismo por él mismo). Puede aún decirse que este punto primordial y principial ocupa todo el espacio por el despliegue de sus posibilidades (consideradas en modo activo en el propio punto al "efectuar" dinámicamente la extensión, y en modo pasivo en esta misma extensión realizada estáticamente); solamente se sitúa en el espacio cuando es considerado en cada una de las posiciones particulares que es susceptible de ocupar, es decir, en aquellas de sus modificaciones que precisamente corresponden a cada una de sus posibilidades especiales. Así, la extensión existe ya en estado potencial en el propio punto; comienza a existir en el estado actual sólo cuando ese punto, en su manifestación primera, es en cierto modo desdoblado para situarse frente a sí mismo, pues es entonces cuando puede hablarse de la distancia elemental entre dos puntos (aunque éstos no sean en principio y en esencia sino uno y el mismo punto),

---

[67] En el campo de la manifestación considerada, la esencia es representada como el centro (punto inicial), y la substancia como la circunferencia (superficie indefinida de la expansión terminal del punto); cf. el significado jeroglífico de la partícula hebraica et, formada por las dos letras extremas del alfabeto (alef y tav).

mientras que, cuando no se considera más que un punto
único (o más bien cuando no se considera el punto más que
bajo el aspecto de la unidad principial), es evidente que no
puede ser cuestión de distancia. No obstante, es preciso
observar que la distancia elemental no es sino lo que
corresponde a ese desdoblamiento en el dominio de la
representación espacial o geométrica (que para nosotros tiene
el carácter de un símbolo); metafísicamente, si se considera al
punto como representando al Ser en su unidad y su identidad
principiales, es decir, Atmâ aparte de toda condición especial
(o determinación) y de toda diferenciación, este punto
mismo, su exteriorización (que puede ser entendida como su
imagen, en la cual se refleja), y la distancia que los une (al
mismo tiempo que los separa), y que indica la relación
existente entre ambos (relación que implica una relación de
causalidad, indicada geométricamente por el sentido de la
distancia, considerada como un segmento "dirigido" y que va
del   punto-causa   al   punto-efecto),   corresponden
respectivamente a los términos del ternario que debemos
distinguir en el Ser considerado como conociéndose a sí
mismo(es decir, en Buddhi), términos que, fuera de este
punto de vista, son perfectamente idénticos entre sí, y que son
designados como Sat, Chit y Ananda.

Decimos que el punto es el símbolo del Ser en su Unidad;
en efecto, esto puede concebirse de la manera siguiente: si la
extensión posee una dimensión, la línea, es medida
cuantitativamente por un número a; la medida cuantitativa
de la extensión de dos dimensiones, la superficie, será de

forma a2, y la de la extensión de tres dimensiones, el volumen, será a3.

Así, añadir una dimensión a la extensión equivale a aumentar una unidad al exponente de la cantidad correspondiente (que es la medida de tal extensión), y, a la inversa, quitar una dimensión a la extensión equivale a disminuir este mismo exponente en una unidad; si se suprime la última dimensión, la de la línea (y, en consecuencia, la última unidad del exponente), geométricamente queda el punto, y numéricamente a0, es decir, desde el punto de vista algebraico, la unidad, lo que la identifica cuantitativamente al punto. Es entonces un error creer, como hacen algunos, que el punto no puede corresponder numéricamente más que al cero, pues él es ya una afirmación, la del Ser puro y simple (en toda su universalidad); sin duda, no tiene ninguna dimensión, porque, en sí mismo, no está situado en el espacio, que, como hemos dicho, contiene solamente la indefinidad de sus manifestaciones (o de sus determinaciones particulares); no poseyendo ninguna dimensión, evidentemente no tiene forma; pero decir que es informal no equivale en absoluto a decir que no es nada (pues así es como es considerado el cero por quienes lo asimilan al punto), y, por otra parte, aunque sin forma, contiene en potencia al espacio, que, realizado en acto, será a su vez el continente de todas las formas (en el mundo físico al menos)[68].

---

[68] Se puede explicar de una manera muy elemental el desarrollo de las potencialidades espaciales contenidas en el punto indicando que el desplazamiento del punto engendra la línea, el de la línea

Hemos dicho que la extensión existe en acto desde el momento en que el punto se manifiesta exteriorizándose, puesto que la ha realizado así; pero no debería creerse que se asigna de este modo a la extensión un comienzo temporal, pues no se trata más que de un punto de partida puramente lógico, de un principio ideal de la extensión comprendida en la integralidad de su extensión (y no limitada a la sola extensión corporal)[69]. El tiempo solamente interviene cuando

---

engendra la superficie, y el de la superficie el volumen. Pero este punto de vista presupone la realización de la extensión, e incluso de la extensión de tres dimensiones, pues cada uno de los elementos considerados sucesivamente no puede evidentemente producir al siguiente más que desplazándose en una dimensión que le es actualmente exterior (y con respecto a la cual estaba ya situado); por el contrario, todos estos elementos son realizados simultáneamente (no interviniendo entonces el tiempo) en y por el despliegue original del esferoide indefinido y no cerrado que hemos considerado, despliegue que se efectúa, por otra parte, no en un espacio actual (sea cual sea), sino en un puro vacío desprovisto de toda atribución positiva, que en absoluto es productivo por sí mismo, pero que, en potencia pasiva, está lleno de todo lo que el punto contiene en potencia activa (siendo así, en cierto modo, el aspecto negativo de aquello de lo cual es punto es el aspecto positivo). Este vacío, lleno de una manera originalmente homogénea e isótropa de las virtualidades del punto principal, será el medio (o, si se prefiere, el "lugar geométrico") de todas las modificaciones y diferenciaciones posteriores de éste, siendo así, con relación a la manifestación universal, lo que el Eter es especialmente para nuestro mundo físico. Considerado así, y en esa plenitud que integralmente posee de la expansión (en modo de exterioridad) de las potencias activas del punto (que son ellas mismas todos los elementos de esta plenitud), el vacío es (sin lo cual no sería, ya que el vacío no puede ser concebido más que como "no entidad"), y, por ello, se diferencia enteramente del "vacío universal" ("sarwa-shûnya") del que hablan los Budistas, que, pretendiendo por lo demás identificarlo al Eter, consideran a éste como "no substancial", y, por consiguiente, no lo cuentan como un elemento corporal. Por otra parte, el verdadero "vacío universal" no sería este vacío que hemos considerado, que es susceptible de contener todas las posibilidades del Ser (espacialmente simbolizado por las virtualidades del punto), sino, por el contrario, todo lo que está fuera de éste, donde ya no puede, en modo alguno, tratarse de "esencia" ni de "substancia". Sería entonces el No-Ser (o el cero metafísico), o más exactamente un aspecto de ello, que, por otra parte, está lleno de todo lo que, en la Posibilidad total, no es susceptible de desarrollo alguno en modo exterior o manifestado, y que por ello mismo es absolutamente inexpresable.

[69] Esta extensión corporal es la única que conocen los astrónomos, y aún incluso no pueden, con sus métodos de observación, estudiar sino cierta porción de ésta; esto es por lo demás lo que produce en ellos la ilusión de la pretendida "infinitud del espacio", pues son llevados, por efecto

se consideran las dos posiciones del punto como sucesivas, mientras que, por lo demás, la relación de causalidad que existe entre ellas implica su simultaneidad; de modo que en tanto que se considere esta primera diferenciación bajo el aspecto de la sucesión, es decir, en modo temporal, la distancia que resulta (como mediadora entre el punto principal y su reflexión exterior, en el supuesto de estar el primero situado inmediatamente con respecto al segundo)[70] puede ser considerada como midiendo la amplitud del movimiento vibratorio elemental del que hablábamos anteriormente.

Sin embargo, sin la coexistencia de la simultaneidad con la sucesión, el propio movimiento no sería posible, ya que, entonces, o el punto móvil (o al menos lo considerado como tal en el curso de su proceso de modificación) estaría allí donde no es, lo que es absurdo, o no estaría en ninguna parte, lo que significa que no habría actualmente ningún espacio donde el movimiento pudiera producirse de hecho[71]. A esto se reducen en suma todos los argumentos que han sido

---

de una verdadera miopía intelectual que parece inherente a toda la ciencia analítica, a considerar como "al infinito" (sic) todo lo que supera el alcance de su experiencia sensible, y que en realidad no es, con respecto a ellos y al dominio que estudian, sino simplemente indefinido.

[70] Esta localización implica ya, por otra parte, una primera reflexión (que precede a aquella que hemos considerado), pero con la cual el punto principal se identifica (determinándose) para ser el centro efectivo de la extensión en vías de realización, y por la cual se refleja, consecuentemente, en todos los restantes puntos (puramente virtuales con respecto a él) de esta extensión, que es su campo de manifestación.

[71] Efectivamente, el punto está en "alguna parte" desde el instante en que está situado o determinado en el espacio (su potencialidad en modo pasivo) para realizarlo, es decir, para hacerlo pasar de la potencia al acto, y es esta misma realización lo que todo movimiento, incluso elemental, presupone necesariamente.

emitidos contra la posibilidad del movimiento, especialmente por ciertos filósofos griegos; esta cuestión es, por otra parte, de aquellas que más molestan a los sabios y los filósofos modernos.

Su solución es no obstante muy simple, y reside precisamente, como en otro lugar hemos indicado, en la coexistencia de la sucesión y la simultaneidad: sucesión en las modalidades de la manifestación, en el estado actual, pero simultaneidad en principio, en el estado potencial, lo que hace posible en encadenamiento lógico de las causas y los efectos (estando implícito y contenido en potencia todo efecto en su causa, que no es afectada o modificada en absoluto por la actualización de este efecto)[72]. Desde el punto de vista físico, la idea de sucesión está vinculada a la condición temporal, y la de la simultaneidad a la condición espacial[73]; es el movimiento resultante, en cuanto a su paso de la potencia al acto, de la unión o la combinación de estas dos condiciones, lo que concilia (o equilibra) las dos ideas correspondientes, haciendo coexistir, en modo simultáneo desde el punto de vista puramente espacial (que es esencialmente estático) a un cuerpo consigo mismo(siendo conservada esta identidad a través de todas sus modificaciones, contrariamente a la teoría budista de la "disolubilidad total") en una serie indefinida de

---

[72] Leibniz parece haber entrevisto al menos esta solución cuando formuló su teoría de la "armonía preestablecida", que generalmente ha sido muy mal comprendida por quienes han querido interpretarla.

[73] Es también por medio de estas dos nociones (ideales cuando se las considera fuera de este punto de vista especializado por el cual se nos hacen sensibles) que Leibniz definió respectivamente al tiempo y al espacio.

posiciones (que son otras tantas modificaciones de este mismo cuerpo, accidentales y contingentes con respecto a lo que constituye su realidad íntima, tanto en substancia como en esencia), posiciones que por otra parte son sucesivas desde el punto de vista temporal (cinético en su relación con el punto de vista espacial[74].

Por otra parte, ya que el movimiento actual supone al tiempo y su coexistencia con el espacio, nos vemos obligados a formular la indicación siguiente: un cuerpo puede moverse siguiendo una u otra de las tres dimensiones del espacio físico, o siguiendo una dirección que combine estas tres dimensiones, pues, sea cual sea en efecto la dirección (fija o variable) de su movimiento, siempre puede reducirse a un conjunto más o menos complejo de componentes dirigidos según los tres ejes de coordenadas a los cuales se refiere el espacio considerado; pero, además, en todos los casos, este cuerpo se mueve siempre necesariamente en el tiempo. Por consiguiente, éste se entenderá como otra dimensión del espacio si se cambia la sucesión en simultaneidad; en otras palabras, suprimir la condición temporal equivale a añadir una dimensión suplementaria al espacio físico, del cual el nuevo espacio así obtenido constituye una prolongación o una extensión. Esta cuarta dimensión corresponde entonces a

---

[74] En efecto, es evidente que todas estas posiciones coexisten simultáneamente en tanto que lugares situados en una misma extensión, de la cual no son más que porciones diferentes (y, por otra parte, cuantitativamente equivalentes), todas igualmente susceptibles de ser ocupadas por un mismo cuerpo, que debe ser considerado estáticamente en cada una de estas posiciones cuando se la considera aisladamente en relación con las demás, por un lado, y también, por otro, cuando se las consideran todas, en su conjunto, fuera del punto de vista temporal.

la "omnipresencia" en el dominio considerado, y por medio
de esta transposición en el "no-tiempo" puede concebirse la
"permanente actualidad" del Universo manifestado; también
mediante ello se explican (subrayando por otra parte que no
toda modificación es asimilable al movimiento, que no es más
que una modificación exterior de un orden especial) todos los
fenómenos a los que se considera vulgarmente como
milagrosos o sobrenaturales[75], muy erróneamente, puesto que
pertenecen todavía al dominio de nuestra individualidad
actual (en una u otra de sus modalidades múltiples, ya que la
individualidad corporal no constituye más que una muy

---

[75] Hay hechos que parecen inexplicables simplemente porque no se sale de las condiciones
ordinarias del tiempo físico para buscar su explicación; así, la reconstitución súbita de los tejidos
orgánicos lesionados, que se comprueba en ciertos casos considerados "milagrosos", no puede ser
natural, se dice, porque es contraria a las leyes fisiológicas de la regeneración de estos tejidos, la
cual se opera por generaciones (o biparticiones) múltiples y sucesivas de las células, lo que
necesariamente exige la colaboración del tiempo. En principio, no está demostrado que una
reconstitución de este género, por súbita que sea, sea realmente instantánea, es decir, que no precise
efectivamente de ningún tiempo para producirse, y es posible que, en ciertas circunstancias, la
multiplicación de las células sea simplemente mucho más rápida de lo que lo es en los casos
normales, hasta el punto de no exigir más que una duración menor a toda medida apreciable a
nuestra percepción sensible. Después, admitiendo incluso que verdaderamente se trate de un
fenómeno instantáneo, es posible que, bajo ciertas condiciones particulares, distintas a las
ordinarias, pero no obstante no por ello menos naturales, este fenómeno se produzca en efecto
fuera del tiempo (lo que implica la "instantaneidad" en cuestión, que, en los casos considerados,
equivale a la simultaneidad de las biparticiones celulares múltiples, o al menos así se traduce en su
correspondencia corporal o fisiológica), o, si se prefiere, en el "no-tiempo", mientras que, en
condiciones ordinarias, se cumple en el tiempo. No habría ya ningún milagro para quien pudiera
comprenderlo en su verdadero sentido y resolver esta cuestión, mucho más paradójica en
apariencia que en realidad: "¿Cómo, viviendo en el presente, puede hacerse que un acontecimiento
cualquiera que se ha producido en el pasado no haya tenido lugar?" Es esencial señalar que esto
(que no es más imposible a priori que impedir en el presente la realización de un hecho en el
futuro, puesto que la relación de sucesión no es una relación causal) no supone en absoluto un
retorno al pasado en tanto que tal (retorno que sería una imposibilidad manifiesta, como
igualmente lo sería un transporte al futuro en tanto que tal), puesto que evidentemente no existe
ni pasado ni futuro con respecto al "eterno presente".

pequeña parte), dominio cuya concepción del "tiempo inmóvil" nos permite englobar integralmente toda la indefinidad[76].

Regresemos a nuestra concepción del punto que ocupa toda la extensión por la indefinidad de sus manifestaciones, es decir, de sus múltiples y contingentes modificaciones; desde el punto de vista dinámico[77], éstas deben ser consideradas, en la extensión (de la cual son todos los puntos) como otros tantos centros de fuerza (siendo cada una, potencialmente, el centro mismo de la extensión), y la fuerza no es sino la afirmación (en modo manifestado) de la voluntad del Ser, simbolizado por el punto, siendo tal voluntad, en sentido universal, su potencia activa o su "energía productora" (Shakti)[78], indisolublemente unida a él,

---

[76] A tal propósito, podemos añadir aquí una observación sobre la representación numérica de esta indefinidad (considerada aún como símbolo espacial): la línea es medida, es decir, representada cuantitativamente por un número a la primera potencia; como su medida se efectúa por otra parte según la división decimal tomada como base, puede plantearse que $a = 10\,n$. Se tendrá entonces para la superficie: $a2 = 100\,n2$, y para el volumen: $a3 = 1.000\,n3$; para la extensión de cuatro dimensiones, será necesario añadir un nuevo factor a, de lo que resultará $a4 = 10.000\,n4$. Por otra parte, se puede decir que todas las potencias de 10 están contenidas virtualmente en su cuarta potencia, al igual que el Denario, manifestación completa de la Unidad, está contenido en el Cuaternario.

[77] Es importante destacar que "dinámico" no es en absoluto sinónimo de "cinético"; el movimiento puede ser considerado como la consecuencia de una cierta acción de la fuerza (haciendo así esta acción mensurable, mediante una traducción espacial que permite definir su "intensidad"), pero no puede identificarse con esta fuerza; por otra parte, bajo otras modalidades y otras condiciones, la fuerza (o la voluntad) en acción produce evidentemente algo distinto al movimiento, ya que, como hemos indicado anteriormente, éste no constituye sino un caso particular entre la indefinidad de modificaciones posibles comprendidas en el mundo exterior, es decir, en el conjunto de la manifestación universal.

[78] Esta potencia activa puede, por lo demás, ser considerada bajo diferentes aspectos: como poder creador, es más particularmente llamada Kriyâ-Shakti, mientras que Jnâna-Shakti es el poder de conocimiento, Ichchâ-Shakti el poder del deseo, etc., considerando la indefinida multiplicidad de

y ejerciéndose en el dominio de la actividad del Ser, es decir, con el mismo simbolismo, sobre la propia extensión considerada pasivamente, o desde el punto de vista estático (como el campo de acción de uno cualquiera de estos centros de fuerza)[79]. Así, en todas y en cada una de sus manifestaciones, el punto puede ser considerado (con respecto a sus manifestaciones) como polarizándose en modo activo y pasivo, o, si se prefiere, directo y reflejo[80]; el punto de vista dinámico, activo o directo, corresponde a la esencia, y el punto de vista estático, pasivo o reflejo, corresponde a la substancia[81]; pero, por supuesto, la consideración de ambos puntos de vista (complementarios uno del otro) en otra modalidad de la manifestación en nada altera la unidad del punto principial (al igual que tampoco el Ser del cual es el

los atributos manifestados del Ser en el mundo exterior, pero sin fraccionar por ello en absoluto, en la pluralidad de estos aspectos, la unidad de la Potencia Universal en sí, que necesariamente es correlativa de la unidad esencial del Ser, y está implícita en esta misma unidad. En el orden psicológico, esta potencia activa está representada por Ishâ, (formada por las partículas alef, shin, hei), "facultad volitiva" de Ish, el "hombre intelectual" (formada por las partículas alef, iud, shin). (Ver Fabre d'Olivet, La Langue hébraïque restituée).

[79] La Posibilidad Universal, entendida, en su unidad integral (aunque, por supuesto, solamente en cuanto a las posibilidades de manifestación), como el aspecto femenino del Ser (cuyo aspecto masculino es Purusha, que es el Ser mismo en su identidad suprema y "no actuante") se polariza en potencia activa (Shakti) y potencia pasiva (Prakriti).

[80] Sin embargo, esta polarización permanece potencial (luego ideal, y no sensible) en tanto que no consideremos el actual complementarismo entre el Fuego y el Agua (cada uno de los cuales permanece por lo demás igualmente polarizado en potencia); hasta ahora, los dos aspectos activo y pasivo no pueden ser disociados más que excepcionalmente, puesto que el aire es todavía un elemento neutro.

[81] Para cualquier punto de la extensión, el aspecto estático es reflejo con respecto al aspecto dinámico, que es directo en tanto que participa inmediatamente de la esencia del punto principial (lo que implica una identificación), pero que, no obstante, es él mismo reflejo con respecto a este punto considerado en sí, en su indivisible unidad; jamás debe perderse de vista que la consideración de la actividad y de la pasividad no implica más que una relación o una analogía entre dos términos considerados como recíprocamente complementarios.

símbolo), y esto permite concebir claramente la identidad fundamental de la esencia y la substancia, que son, como hemos indicado en un principio, los dos polos de la manifestación universal.

La extensión, considerada desde el punto de vista substancial, apenas es distinta, en cuanto a nuestro mundo físico, del Eter primordial (Akâsha), en tanto que no se produce por un movimiento complejo que determine una diferenciación formal; pero la indefinidad de las combinaciones posibles de movimientos da nacimiento, en esta extensión, a la indefinidad de las formas, diferenciándose todas, tal como hemos indicado, a partir de la forma esférica original. Es el movimiento lo que, desde el punto de vista físico, constituye el factor necesario de toda diferenciación, luego la condición de todas las manifestaciones formales, y también, simultáneamente, de todas las manifestaciones vitales, estando igualmente sometidas, unas y otras, en el dominio considerado, al tiempo y al espacio, y suponiendo, por otra parte, un "substrato" material sobre el que se ejerce esta actividad, que se traduce físicamente en el movimiento. Es importante comprender que toda forma corporal está necesariamente viva, ya que la vida es, así como la forma, una condición de toda existencia física[82]; esta vida física implica

---

[82] Es evidente por esto mismo que, recíprocamente, la vida, en el mundo físico, no puede manifestarse de otro modo que en las formas; pero esto nada prueba contra la posible existencia de una vida informal fuera de este mundo físico, aunque, no obstante, no sea por ello legítimo considerar a la vida misma en toda la indefinidad de su extensión como siendo algo más que una posibilidad contingente comparable a las demás, e interviniendo, del mismo modo que éstas, en la determinación de ciertos estados individuales de los seres manifestados, estados que proceden de

por lo demás una indefinidad de grados, correspondiendo sus divisiones más generales, desde nuestro punto de vista terrestre al menos, a los tres reinos mineral, vegetal y animal (pero sin que las distinciones entre éstos puedan tener más que un valor relativo)[83]. De ello resulta que, en este dominio, una forma cualquiera está siempre en un estado de movimiento o de actividad, que manifiesta su vida propia, y solamente por una abstracción conceptual puede ser considerada estáticamente, es decir, en reposo[84].

Es por la movilidad que la forma se manifiesta físicamente y se nos hace sensible, y, al igual que la movilidad es la naturaleza específica del Aire (Vâyu), el tacto es el sentido que propiamente le corresponde, pues es por el tacto que percibimos la forma de una manera general[85]. Sin embargo, este sentido, en razón de su modo limitado de percepción,

---

ciertos aspectos especializados y refractados del Ser Universal.

[83] Es imposible determinar los caracteres que permitan establecer distinciones claras y precisas entre los tres reinos, que parecen unirse especialmente en sus formas más elementales, en cierto modo embrionarias.

[84] Se ve suficientemente con ello lo que debe pensarse, desde el punto de vista físico, del pretendido "principio de la inercia de la materia": la materia verdaderamente inerte, es decir, despojada de toda atribución o propiedad actual, luego indistinta e indiferenciada, pura substancia pasiva y receptiva sobre la cual se ejerce una actividad de la que no es la causa, no es, lo repetimos, concebible en tanto que se considere separadamente de esa actividad de la cual es el "substrato" y de la que obtiene toda su realidad actual; y es esta actividad (a la cual no se opone, para ofrecerle un soporte, sino por efecto de una reflexión contingente que no le otorga ninguna realidad independiente) lo que, por reacción (en razón de esa misma reflexión), constituye, en las especiales condiciones de la existencia física, el lugar de todos los fenómenos sensibles (así como por otra parte otros fenómenos que no entran en los límites de la percepción de nuestros sentidos), el medio substancial y plástico de todas las modificaciones corporales.

[85] Es oportuno señalar a propósito de ello que los órganos del tacto están repartidos por toda la superficie (exterior e interior) de nuestro organismo, que se encuentra en contacto con el medio atmosférico.

que se opera exclusivamente por contacto, no puede darnos directa e inmediatamente la noción integral de la extensión corporal (de tres dimensiones)[86], lo que únicamente se opera con el sentido de la vista; pero la existencia actual de esta extensión está ya presupuesta aquí por la de la forma, puesto que ella condiciona la manifestación de esta última, al menos en el mundo físico[87].

Por otra parte, en tanto que el Aire procede del Éter, el sonido es también sensible en él; como el movimiento diferenciado implica, tal como anteriormente hemos establecido, la distinción de las direcciones del espacio, el papel del Aire en la percepción del sonido, aparte de su cualidad de medio en el cual se amplifican las vibraciones etéricas, consistirá principalmente en hacernos reconocer la dirección en que este sonido se ha producido con respecto a la situación actual de nuestro cuerpo.

En los órganos fisiológicos del oído, la parte que corresponde a esta percepción de la dirección (percepción que, por lo demás, no se torna efectivamente completa sino con y por la idea de la extensión de tres dimensiones) constituye lo que se llama los "canales semi-circulares", que

---

[86] No pudiendo operarse el contacto más que entre superficies (en razón de la impenetrabilidad de la materia física, propiedad sobre la cual volveremos a continuación), la percepción que resulta no puede dar de manera inmediata sino la noción de superficie, en la cual intervienen solamente dos dimensiones de la extensión.

[87] Añadimos siempre esta restricción para no limitar en nada las indefinidas posibilidades de combinación de las diversas condiciones contingentes de existencia y, en particular, las de la existencia corporal, que no se encuentran reunidas de una manera necesariamente constante más que en el dominio de esta modalidad especial.

están precisamente orientados según las tres dimensiones del espacio físico[88].

En fin, desde un punto de vista distinto al de las cualidades sensibles, el Aire es el medio substancial del que procede el soplo vital (prâna); es la razón de que las cinco fases de la respiración y de la asimilación, que son modalidades o aspectos de éste, estén, en su conjunto, asimiladas a Vâyu. Es éste el papel particular del Aire en lo que concierne a la vida; vemos así que, para este elemento como para el anterior, hemos debido considerar, tal como habíamos previsto, la totalidad de las cinco condiciones de la existencia corporal y sus relaciones; será igual aún para cada uno de los otros tres elementos, que proceden de los dos primeros, y de los cuales hablaremos ahora (...)[89].

---

[88] Esto explica por qué se dice que las direcciones del espacio son las orejas de Vaishwânara.
[89] (El texto se detiene aquí. Nota del T.)

TERCERA PARTE:

DE ALGUNOS ERRORES MODERNOS

René Guénon

CAPÍTULO I

DEL PRETENDIDO "EMPIRISMO"

DE LOS ANTIGUOS[*]

Hemos ya, en muchas ocasiones, explicado la diferencia fundamental existente en la naturaleza de las ciencias entre los antiguos y entre los modernos, diferencia que es la que hay entre las ciencias tradicionales y las ciencias profanas; pero ésta es una cuestión sobre la cual se han extendido tantos errores que nunca se volvería sobre ella con demasiada insistencia. Así, vemos frecuentemente afirmar, como algo que no podría dudarse, que la ciencia de los antiguos era puramente "empírica" lo que, en el fondo, equivale a decir que incluso no era una ciencia propiamente dicha, sino solamente una especie de saber totalmente práctico y utilitario. Ahora bien, es fácil comprobar que, muy al contrario, las preocupaciones de este orden nunca han ocupado tanto lugar como entre los modernos, y también, sin remontarnos incluso más lejos que la antigüedad llamada "clásica", que todo lo que depende de la experimentación era considerado por los antiguos como no

---

[*] Publicado originalmente en "Voile d'Isis", París, julio de 1934.

pudiendo constituir más que un conocimiento de grado muy inferior. No vemos muy bien cómo todo ello puede conciliarse con la precedente afirmación; y, por una singular inconsecuencia, los mismos que formulan ésta, no dejan casi nunca, por lo demás, ¡de reprochar a los antiguos su desdén por la experiencia!

La fuente del error de que se trata, como de muchos otros, es la concepción "evolucionista" o "progresista": se quiere, en virtud de ella, que todo conocimiento haya comenzado por un estado rudimentario, a partir del cual se habría desarrollado y elevado poco a poco; se postula una especie de grosera simplicidad primitiva, que, bien entendido, no puede ser objeto de ninguna comprobación; y se pretende hacer partir todo de abajo, como si no fuera contradictorio el admitir que lo superior pudiese surgir de lo inferior. Tal concepción no es simplemente un error cualquiera sino que constituye propiamente una "contra-verdad"; queremos decir con ello que va exactamente en oposición a la verdad, por una extraña inversión que es muy característica del espíritu moderno. La verdad, por el contrario, es que ha habido desde los orígenes, una suerte de degradación o de "descenso" continuo, yendo de la espiritualidad a la materialidad, es decir, de lo superior hacia lo inferior, y manifestándose en todos los dominios de la actividad humana, y que de ahí han nacido, en épocas bastante recientes, las ciencias profanas, separadas de todo principio transcendente y justificadas únicamente por las aplicaciones practicas a las cuales dan lugar, pues tal es en suma, todo lo que interesa al hombre moderno, que no se cuida apenas del conocimiento puro, y que, hablando de los antiguos como lo estamos diciendo, no hace más que atribuirles sus propias tendencias[90]; porque él no concibe incluso que hayan podido tenerlas totalmente diferentes, como tampoco concibe que pudiesen existir ciencias totalmente distintas, por su objeto y por su método, que aquellas que cultiva él mismo de manera exclusiva.

Este mismo error implica también el "empirismo" entendido en el sentido en que esta palabra designa una teoría filosófica, es decir, la idea muy moderna también de que todo conocimiento deriva enteramente de la experiencia, y más precisamente de la experiencia sensible; por otro lado, esta no es en realidad mas que una de las formas de afirmar que todo viene de abajo. Está claro que, fuera de esta idea preconcebida, no hay ninguna razón para suponer que el primer estado de todo conocimiento haya debido ser un estado "empírico"; esta aproximación entre los dos sentidos de la misma palabra no tiene ciertamente nada de fortuito, y podríamos decir que es el "empirismo" filosófico de los modernos el que les lleva a atribuir a los antiguos un "empirismo" de hecho. Ahora bien, debemos confesar que no hemos llegado a comprender jamás incluso la posibilidad de tal concepción, de tal manera nos parece que se opone a toda evidencia: que haya conocimientos que no vienen de los sentidos, ello es, pura y simplemente, una cuestión de hecho; pero los modernos, que no pretenden

---

[90] Por una ilusión del mismo género, los modernos, dado que se mueven sobre todo por motivos "económicos", pretenden explicar todos los acontecimientos históricos con causas de este orden.

apoyarse mas que sobre los hechos, los desconocen o los niegan de buen grado cuando no concuerdan con sus teorías. En suma, la existencia de esta concepción "empirista" prueba simplemente, entre los que la han emitido y entre los que la aceptan, la desaparición completa de ciertas facultades de orden suprasensible, comenzando, evidentemente, por la pura intuición intelectual[91].

Las ciencias tal como las comprenden los modernos, es decir, las ciencias profanas, no suponen efectivamente de manera general, sino una elaboración racional de datos sensibles; son pues ellas las verdaderamente "empíricas" en cuanto a su punto de partida; y se podría decir que los modernos confunden indebidamente ese punto de partida de sus ciencias con el origen de toda ciencia. Hay todavía a veces, incluso en sus ciencias, como vestigios aminorados o alterados de conocimientos antiguos, cuya naturaleza se les escapa, y pensamos aquí sobre todo en las ciencias matemáticas, cuyas nociones esenciales no podrían ser sacadas de la experiencia sensible; ¡los esfuerzos de ciertos filósofos para explicar "empíricamente" el origen de esas nociones son a veces de una comicidad irresistible! Y si algunos estuvieran tentados de protestar cuando hablamos de aminoramiento o de alteración, les pediríamos que compararan a este respecto, por ejemplo, la ciencia

---

[91] Desaparición de esas facultades en cuanto a su ejercicio efectivo, entiéndase bien, pues ellas subsisten a pesar de todo en estado latente en todo ser humano; pero esta especie de atrofia puede alcanzar tal grado que su manifestación se torne completamente imposible y eso es lo que comprobamos en la gran mayoría de nuestros contemporáneos.

tradicional de los números con la aritmética profana; podrán sin duda comprender bastante fácilmente así lo que queremos decir.

Por añadidura, la mayor parte de las ciencias profanas no deben realmente su origen más que a fragmentos o, se podría decir, a residuos de ciencias tradicionales incomprendidas: hemos citado en otro lugar, como particularmente característico, el ejemplo de la química, surgida, no de la alquimia verdadera, sino de su desnaturalización por los "sopladores", es decir por profanos que, ignorando el verdadero sentido de los símbolos herméticos, los tomaron en una acepción torpemente literal. Hemos citado también el caso de la astronomía aislada de todo lo que constituía el "espíritu" de esta ciencia, y que se ha perdido irremediablemente para los modernos, los cuales van repitiendo tontamente que la astronomía fue descubierta de manera totalmente "empírica", por "pastores caldeos", ¡sin darse cuenta de que el nombre de Caldeos era en realidad la designación de una casta sacerdotal! Podrían multiplicarse los ejemplos del mismo género, establecerse una comparación entre las cosmogonías sagradas y la teoría de la "nebulosa" y otras hipótesis similares, o aún, en otro orden de ideas, mostrar la degeneración de la medicina a partir de su antigua dignidad de "arte sacerdotal", y así continuamente. La conclusión sería siempre la misma: unos profanos se han apoderado ilegítimamente de fragmentos de conocimientos de los cuales no podían aprehender ni el alcance ni el significado, y de ellos han formado unas ciencias que se dicen independientes, las cuales valen simplemente lo que valían ellos mismos; la ciencia moderna que ha surgido de ahí, no es por tanto, propiamente mas que la ciencia de los ignorantes[92].

Las ciencias tradicionales, como hemos dicho muy frecuentemente se caracterizan esencialmente por su vinculación a los principios transcendentes de los cuales dependen estrictamente a título de aplicaciones más o menos contingentes, y todo ello es lo contrario del "empirismo"; pero los principios escapan necesariamente a los profanos y por ello éstos, aunque fuesen sabios modernos, no pueden nunca ser en el fondo sino "empíricos". Desde que, a consecuencia de la degradación a la cual hacíamos alusión precedentemente, los hombres no están ya todos parecidamente cualificados para todo conocimiento, es decir, al menos desde el principio del Kali-Yuga, hay forzosamente profanos; pero, para que su ciencia truncada y falseada haya podido tomarse en serio y presentarse como lo que no es, era necesario que el verdadero conocimiento desapareciese, con las organizaciones iniciáticas que estaban encargadas de conservarlo y transmitirlo y eso es precisamente lo que ha ocurrido en el mundo occidental en el curso de los últimos siglos.

Añadiremos aún que, en la manera como enfocan los modernos los conocimientos de los antiguos, se ve aparecer

---

[92] Por una curiosa ironía de las cosas el "cientifismo" de nuestra época mantiene por encima de todo el proclamarse "laico", sin percibir que eso es, simplemente, la confesión explícita de esta ignorancia.

claramente esta negación de todo elemento "suprahumano" que constituye el fondo del espíritu antitradicional, y que no es a fin de cuentas, sino una consecuencia directa de la ignorancia profana. No solamente se reduce todo a proporciones puramente humanas sino que, a causa de esta inversión de todas las cosas que entraña la concepción "evolucionista" se llega hasta a poner lo "infrahumano" en el origen; y lo más grave es que a los ojos de nuestros contemporáneos tales cosas parecen ser evidentes de por sí: se ha llegado a enunciarlas como si no pudieran incluso ser contestadas, y a presentar como "hechos" las hipótesis menos fundadas ya que ni siquiera se tiene la idea de que pudiese ser de otra manera; ello es lo mas grave, decimos, porque es lo que puede hacer temer que, llegados hasta tal punto la desviación del espíritu moderno sea completamente irremediable.

Estas consideraciones podrán aún ayudar a comprender por qué motivo es absolutamente vano buscar un acuerdo o una aproximación cualquiera entre los conocimientos tradicionales y los conocimientos profanos, y por qué los primeros no tienen que pedir a los segundos una "confirmación" de la cual, en sí mismas no tienen además ninguna necesidad. Si insistimos en ello, es porque sabemos cuán extendida está hoy esa manera de ver entre los que tienen alguna idea de las doctrinas tradicionales pero una idea "exterior", si así puede decirse, e insuficiente para permitirles penetrar en su naturaleza profunda, así como impedirles ilusionarse por el prestigio tramposo de la ciencia moderna y de sus aplicaciones prácticas. Estos, colocando así en el mismo plano cosas que no son comparables, no solamente pierden su tiempo y sus esfuerzos; corren además el riesgo de extraviarse y de extraviar a los demás en todo tipo de falsos conceptos; y las múltiples variedades del "ocultismo" están ahí para mostrar que este peligro es demasiado real.

Capítulo II

La difusión del conocimiento

y el espíritu moderno[*]

Ya hemos tenido más de una ocasión de decir lo que pensamos de las tendencias modernas a la "propaganda" y a la "vulgarización", y de la incomprehensión que implican con respecto al verdadero conocimiento; tampoco tenemos la intención de volver una vez más sobre los múltiples inconvenientes que presenta, de manera general, la difusión inconsiderada de una "instrucción" que se pretende distribuir igualmente a todos, bajo formas y con métodos idénticos, lo que no puede desembocar más que en una especie de nivelación por abajo: ahí como en todo en nuestra época, la calidad es sacrificada a la cantidad. Aún esta manera de actuar puede encontrar una excusa, al menos relativa, en el carácter mismo de la instrucción profana de la que se trata, que no representa en suma ningún conocimiento en el verdadero sentido de la palabra, y que no contiene absolutamente nada de un orden que sea un poco profundo; lo que la hace nefasta, es sobre

---

[*] Publicado originalmente en Etudes Traditionnelles, París, mayo de 1940.

todo que se hace tomar por lo que no es, que tiende a negar todo lo que la sobrepasa, y que así sofoca todas las posibilidades relacionadas con un dominio más elevado. Pero lo que es quizá más grave aún, y sobre lo cual queremos llamar más particularmente la atención aquí, es que algunos creen poder exponer doctrinas tradicionales tomando en cierto modo como modelo esa misma instrucción profana, y aplicando consideraciones que no tienen en cuenta la naturaleza misma de esas doctrinas y las diferencias esenciales que existen entre ellas y todo lo que se designa hoy con los nombres de "ciencia" y de "filosofía"; hay ahí una penetración del espíritu moderno hasta en aquello a lo cual se opone radicalmente por definición misma, y no es difícil comprender cuáles pueden ser las consecuencias disolventes de ello, incluso sin saberlo los que se hacen, frecuentemente de buena fe y sin intención definida, los instrumentos de semejante penetración.

Hemos tenido muy últimamente un ejemplo de lo que acabamos de decir, bastante sorprendente en más de un aspecto: no es posible, en efecto, evitar cierta estupefacción viendo afirmar primero que "se ha considerado durante largo tiempo en la India que ciertos aspectos de la enseñanza vedántica debían ser mantenidos secretos", que "la vulgarización de ciertas verdades era reputada como peligrosa", y que, "se había incluso prohibido hablar de ellas fuera de un pequeño círculo de iniciados". Se comprenderá fácilmente que no queramos citar ningún nombre, pues este caso sólo tiene para nosotros el valor de un ejemplo útil para "ilustrar" cierta mentalidad. Pero hay que decir al menos, para explicar nuestra sorpresa, que esas aserciones provienen, no de un orientalista o de un teosofista cualquiera, sino de un Hindú de nacimiento. Ahora bien, si hay un país donde siempre se ha considerado que la vertiente teórica de las doctrinas (pues entiéndase bien que no se trata de ningún modo de la "realización" y de sus medios propios) podía ser expuesta sin otra reserva que la de lo inexpresable, es muy precisamente la India; y además, dada la constitución misma de la organización tradicional hindú, no se ve del todo quién podría tener la cualidad para prohibir hablar de tal o cual cosa; de hecho, eso no puede producirse más que allá donde hay una distinción claramente marcada entre esoterismo y exoterismo, lo que no es el caso para la India. No se puede decir tampoco que la "vulgarización" de las doctrinas sea peligrosa; sería más bien simplemente inútil, si con todo fuera posible; pero, en realidad, las verdades de este orden se resisten por su naturaleza misma a toda "vulgarización"; por claramente que se expresen, no las comprenden más que quienes están cualificados para comprenderlas, y, para los otros, es como si no existieran. Se sabe por lo demás bastante lo que pensamos nosotros mismos de los pretendidos "secretos" caros a los pseudo-esoteristas: una reserva en el orden teórico no puede justificarse más que por consideraciones de simple oportunidad, luego por razones puramente contingentes; y un secreto exterior cualquiera no puede tener en el fondo más que el valor de un símbolo, y también, a veces, el de una "disciplina" que puede no carecer de provecho... Pero la mentalidad moderna está hecha de modo que no puede soportar ningún secreto ni incluso ninguna reserva; son cosas cuyo alcance y significado le escapan enteramente, y con respecto a las cuales la incomprehensión genera muy naturalmente la hostilidad; y sin embargo el carácter propiamente monstruoso de un mundo donde todo se hubiera hecho "público" (decimos "se hubiera", pues, de hecho, aún no estamos así a pesar de todo) es tal que merecería por sí solo un estudio especial; pero no es el momento de librarnos a ciertas "anticipaciones" quizá demasiado fáciles, y diremos solamente que no podemos sino lamentarnos por los hombres que han caído tan bajo como para ser capaces, literalmente tanto como simbólicamente, de vivir en "colmenas de cristal".

Retomemos la continuación de nuestras citas: Hoy, no se tienen ya en cuenta tales restricciones; el nivel medio de la cultura se ha elevado y los espíritus han sido preparados para la enseñanza íntegra". Aquí aparece tan nítidamente como es posible, la confusión con la instrucción profana, designada por ese término de "cultura" que ha devenido, en efecto, una de sus denominaciones más habituales; se trata de algo que no tiene la menor relación con la enseñanza tradicional ni con la aptitud para recibirla; y además, como la sedicente elevación del "nivel medio" tiene por contrapartida inevitable la desaparición de la elite intelectual, se puede muy bien decir que esta "cultura" representa exactamente lo contrario de una preparación para aquello de que se trata. Nos preguntamos por otra parte cómo un hindú puede ignorar completamente en qué punto del Kali-Yuga estamos actualmente, yendo hasta decir que "los tiempos han venido en que el sistema entero del Vêdânta puede ser expuesto públicamente", mientras que el menor conocimiento de las leyes cíclicas obliga al contrario a decir que son menos favorables que nunca; y, si no ha podido jamás ser "puesto al alcance dl común de los hombres", para el cual no está por lo demás hecho, no es ciertamente ahora cuando lo podrá, pues ese "común de los hombres" nunca ha sido tan totalmente incomprehensivo. Por otro lado, la verdad es que, por esta razón misma, todo lo que representa un conocimiento tradicional de orden verdaderamente profundo, y que corresponde por ello a lo que debe implicar una "enseñanza integral", se hace cada vez más difícilmente accesible, y eso en todas partes ante la invasión del espíritu moderno y profano, es demasiado evidente que no podría ser de otra manera; luego ¿cómo puede desconocerse la realidad hasta el punto de afirmar todo lo opuesto, y con tanta tranquilidad como si se enunciara la más incontestable de las verdades?

Las razones adelantadas para explicar el interés que puede tener actualmente expandir la enseñanza vedántica no son menos extraordinarias: se hace valer en primer lugar, a este respecto, "el desarrollo de las ideas sociales y de las instituciones políticas; incluso si eso es verdaderamente un "desarrollo" (y haría falta en todo caso precisar en qué sentido), todavía hay ahí algo que no tiene más relación con la comprehensión de una doctrina metafísica de la que tiene la difusión de la instrucción profana; basta además con ver, en no importa qué país de Oriente, cómo las preocupaciones políticas, allá donde se han introducido, perjudican el conocimiento de las verdades tradicionales, para pensar que estaría justificado el hablar de una incompatibilidad, al menos de hecho, más que de un acuerdo posible entre esos dos "desarrollos". No vemos verdaderamente cuáles lazos la "vida social", en el sentido puramente profano en que la conciben los modernos, podría tener con la espiritualidad; los tenía, al contrario, cuando se integraba en una civilización tradicional, pero es precisamente el espíritu moderno quien los ha destruido, o quien apunta a destruirlos allí donde subsisten todavía; entonces, ¿qué se puede esperar de un "desarrollo" cuyo rasgo más característico es ir al contrario de toda espiritualidad?

Se invoca aún otra razón: "Por otra parte, para el Vêdânta es como para las verdades de la ciencia; no existe ya hoy secreto científico; la ciencia no duda en publicar los descubrimientos más recientes". En efecto, esta ciencia profana no está hecha más que para el "gran público", y tal es en suma su razón de ser; es demasiado claro que ella no es más que lo que parece ser, puesto que, no podemos decir por principio sino más bien por ausencia de principio, se mantiene exclusivamente en la superficie de las cosas; sin duda, no hay ahí nada que valga la pena mantener en secreto, o, para hablar más exactamente, que merezca ser reservado para uso de una elite, y además ésta no tendría nada que hacer con eso. Solamente que ¿cuál asimilación puede quererse establecer entre las pretendidas verdades de la ciencia profana y las enseñanzas de una doctrina como el Vêdânta? Es siempre la misma confusión, y está permitido preguntarse hasta qué punto alguien que la comete con esta insistencia puede tener la comprehensión de la doctrina que quiere enseñar; en todo caso, aserciones de ese género no pueden sino impedir esta comprehensión entre aquellos a quienes se dirige. Entre el espíritu tradicional y el espíritu moderno, no podría en realidad haber ningún acomodo; toda concesión hecha al segundo es necesariamente a expensas del primero, y no puede sino entrañar un aminoramiemto de la doctrina, incluso cuando sus consecuencias no van hasta su resultado más extremo y también más lógico, es decir, hasta una verdadera deformación.

Se observará que, en todo esto, no nos emplazamos en absoluto en el punto de vista de los peligros hipotéticos que podría presentar una difusión general del verdadero conocimiento; lo que afirmamos, es la imposibilidad pura y simple de tal difusión, sobre todo en las condiciones actuales, pues el mundo nunca ha estado de él tan alejado como lo está hoy. Si se quisiera sin embargo a toda costa persistir en hablar de peligros, diremos esto: antaño, exponiendo las verdades doctrinales tal como son y sin ninguna "vulgarización", se arriesgaba el ser mal comprendido; ahora, se arriesga solamente no ser comprendido en nada; esto es quizá menos grave en efecto en cierto sentido, si se quiere, pero no vemos demasiado lo que los partidarios de la difusión pueden ganar con ella.

Capítulo III

La superstición del "valor"[*]

Hemos denunciado, en alguna de nuestras obras, cierto número de supersticiones específicamente modernas, cuya característica más notable es la de descansar en definitiva sobre el prestigio atribuido a una palabra, prestigio tanto mayor cuanto más vaga e inconsistente es la idea evocada por esta palabra para la mayor parte de las personas.

La influencia ejercida por las palabras en sí mismas, independientemente de lo que expresen o deberían expresar, nunca ha sido, en efecto, tan grande como en nuestra época. Hay en ello como una caricatura de la potencia inherente a las fórmulas rituales, e incluso aquellos que son los más encarnizados en negarla, por singular "contragolpe", son los primeros en dejarse llevar por lo que es apenas una parodia profana de ellas. Es evidente, por lo demás, que esta potencia de las fórmulas o palabras, en los dos casos, no es del mismo orden en absoluto; la de las fórmulas rituales, que se basa esencialmente sobre la "ciencia sagrada", es algo plenamente

[*] Publicado en Etudes Traditionnelles, París, junio de 1940.

efectivo, que se ejerce realmente en los dominios más diferentes, según los efectos que quieran obtenerse; por el contrario, la de su falsificación profana sólo es naturalmente susceptible, directamente al menos, de una acción puramente "psicológica" y sobre todo sentimental, o sea, procedente del dominio más ilusorio de todos. Pero, sin embargo, no hay que decir por ello que tal acción sea inofensiva, muy lejos de eso, pues tales ilusiones "subjetivas", por insignificantes que sean en sí mismas, no carecen de consecuencias muy reales en toda la actividad humana; y, ante todo, contribuyen grandemente a destruir toda verdadera intelectualidad, lo que, además, es probablemente la principal razón de ser que se le ha asignado en el "plan" de la subversión moderna.

Las supersticiones de las que hablamos varían en cierta medida de un tiempo a otro, pues hay en ello una especie de "moda", como en todas las cosas en nuestra época; con esto no queremos decir que, cuando surge una novedad, reemplace inmediata y enteramente a las otras, pues fácilmente se puede comprobar su coexistencia en la mentalidad contemporánea; pero la más reciente toma al menos un lugar predominante y rechaza las otras más o menos a un segundo plano. Así, en el orden de cosas que consideramos ahora, se puede decir que hubo primero la superstición de la "razón", que alcanzó su punto culminante hacia finales del siglo XVIII, después la de la "ciencia" y del "progreso", por lo demás estrechamente vinculada a la precedente, pero más especialmente característica del siglo XIX; más recientemente aún, se vio aparecer la superstición de la "vida", que tuvo un gran éxito en los primeros años del siglo actual. Como todo cambia con una rapidez sin cesar creciente, estas supersticiones, así como las teorías científicas y filosóficas a las cuales están quizá ligadas en cierto modo, parecen "usarse" cada vez más rápidamente; también tenemos desde que registrar el nacimiento de una superstición nueva, la del "valor", que data de hace apenas algunos años, pero que tiende ya a adelantar a las otras.

Ciertamente, no tenemos tendencia a exagerar la importancia de la filosofía y menos aún de la moderna, pues, incluso reconociendo que pueda ser uno de los factores que actúan más o menos sobre la mentalidad general, pensamos que está lejos de ser el más importante, y que, incluso bajo su forma "sistemática", representa más bien un efecto que una causa; pero, del mismo modo, expresa de una manera más claramente definida, lo que existía ya como en estado difuso en esta mentalidad, y, por tanto, pone en evidencia, un poco a la manera de un aparato de aumento, cosas que de otra forma podrían escapar a la atención del observador, o que al menos serían más difíciles de discernir. También, para comprender bien aquello de lo que se trata aquí, es bueno recordar primero las etapas, que ya hemos indicado en otra parte, de la decadencia gradual de las concepciones filosóficas modernas: primero, reducción de todas las cosas a lo "humano" y a lo "racional"; después, limitación cada vez más estrecha del sentido dado a lo "racional" mismo, de lo cual no se termina por no considerar ya más que las funciones más inferiores; en fin, descenso a lo "infrarracional", con el sedicente "intuicionismo" y las diversas teorías que con el se emparentan más o menos directamente. Los "racionalistas" consentían todavía en hablar de "verdad", bien que no puede evidentemente tratarse para ellos más que de una verdad muy relativa; los "intuicionistas" han querido reemplazar lo "verdadero" por lo "real", lo que podría ser casi la misma cosa si se atuvieran al sentido normal de las palabras, pero que está muy lejos de serlo de hecho, pues hace falta tener aquí en cuenta la extraña deformación por la cual, en el uso corriente, la palabra "realidad" ha llegado a designar exclusivamente las cosas de orden sensible, es decir, las que tienen el menor grado realidad. Seguidamente, los "pragmatistas" han pretendido ignorar enteramente la verdad, y suprimirla en cierto modo sustituyéndola por la "utilidad"; es entonces propiamente la caída en lo "subjetivo", pues está bien claro que la utilidad de una cosa de ningún modo es una cualidad que resida en esa cosa misma, sino que depende enteramente de aquel que la considera y que la hace objeto de una especie de apreciación individual, sin interesarse de ningún modo por lo que es la cosa fuera de esta apreciación, es decir, en el fondo, en todo lo que ella es en realidad; y, sin duda, sería difícil ir más lejos en la vía de la negación de toda intelectualidad.

Los "intuicionistas" y los "pragmatistas", así como los representantes de algunas otras escuelas vecinas de menor importancia, decoran de buena gana sus teorías con la etiqueta de "filosofía de la vida"; pero parece ya no tiene tanto éxito como tenía no hace mucho, y que la que está hoy más en boga es la de "filosofía de los valores". Esta nueva filosofía parece acometer a lo real mismo, de cualquier manera que se lo quiera entender, casi como el "pragmatismo" la tomaba con lo "verdadero"; su afinidad con el "pragmatismo", en ciertos aspectos, es por lo demás manifiesto, pues el "valor", tanto como la "utilidad", no puede ser más que un simple asunto de apreciación individual, y su carácter "subjetivo", como se verá a continuación, es quizás aún más acentuado. Es además posible que el éxito actual de esta palabra "valor" sea debido en parte al sentido bastante groseramente material que, sin serle inherente sin embargo en el origen, se le ha adherido en el lenguaje ordinario: cuando se habla de "valor" o de "evaluación", se piensa a continuación en algo que es susceptible de ser "contado" o "cifrado", y hay que convenir en que ello concuerda bien con el espíritu "cuantitativo" que es propio del mundo moderno. Sin embargo, esa no es sino la mitad de toda la explicación: hay que recordar, en efecto, que el "pragmatismo", que se define por el hecho de remitir todo a la "acción", no entiende la "utilidad" solamente en un sentido material, sino en un sentido moral; el "valor" es igualmente susceptible de esos dos sentidos, sino que el segundo predomina claramente en la concepción de que se trata, pues la vertiente moral, o más exactamente "moralista", se exagera aún en él; esta "filosofía de los valores" se presenta además ante todo como una forma del "idealismo", y eso es sin duda lo que explica su hostilidad con respecto a lo "real", puesto que se entiende que, en el lenguaje especial de los filósofos modernos, el "idealismo" se opone al "realismo".

Se sabe que la filosofía moderna vive en gran parte de equívocos, y hay uno bastante destacable que se oculta en esta etiqueta de "idealismo": esta palabra, en efecto, puede ser derivada indistintamente de "idea" o de "ideal"; y a esta doble derivación corresponden, de hecho, los dos caracteres especiales que se pueden descubrir sin dificultad en la "filosofía de los valores". La "idea", entiéndase bien, es tomada aquí en el sentido únicamente "psicológico", el único que los modernos conocen (y se verá en su momento que no es inútil insistir sobre este punto para disipar otro equívoco); tal es la vertiente "subjetivista" de la concepción de que se trata, y, en cuanto al "ideal", representa no menos evidentemente su lado "moralista". Así, las dos significaciones del "idealismo" se asocian estrechamente en ese caso y se sostienen por así decir la una a la otra, porque corresponden las dos a tendencias bastante generales de la mentalidad actual: el "psicologismo" traduce un estado de espíritu que está lejos de ser particular a solamente los filósofos "profesionales", y se sabe demasiado, por otra parte, ¡qué fascinación ejerce la palabra vacía "ideal" sobre la mayor parte de nuestros contemporáneos!

Lo que es casi increíble, es que la filosofía en cuestión pretende reclamarse del "idealismo platónico"; y es difícil desprenderse de cierta estupefacción viendo atribuir a Platón la afirmación de que "la realidad verdadera reside no en el objeto, sino en la idea, es decir, en un acto del pensamiento". Primero, no hay "idealismo platónico", en ninguno de los sentidos que los modernos dan a esta palabra "idealismo"; las ideas, en Platón, nada tienen de "psicológico" ni de "subjetivo", y no tienen absolutamente nada en común con un "acto del pensamiento"; ellas son, muy al contrario, los principios trascendentes o los "arquetipos" de todas las cosas; por eso constituyen la realidad por excelencia, y se podría decir, bien que Platón mismo no se expresa así, (como tampoco formula expresamente en ninguna parte algo que se llamaría una "teoría de las ideas"), que el "mundo de las ideas" no es otra cosa en definitiva que el Intelecto divino; ¿qué relación puede tener ello con el producto de un "pensamiento individual? Incluso desde el simple punto de vista de la "historia de la filosofía", hay ahí un error verdaderamente inaudito; y no solamente Platón no es ni "idealista" ni "subjetivista", en el grado que sea, sino que sería imposible ser más íntegramente "realista" de lo que él es; que los enemigos declarados de lo "real" quieren hacerle su predecesor, es indudablemente más que paradójico. Además, esos mismos filósofos cometen todavía otro error que apenas es menos grave cuando, para sujetar también a Platón a su "moralismo", invocan el papel en cierto modo "central" que él asigna a la "idea del Bien"; aquí, podemos decir, sirviéndonos de la terminología escolástica, confunden muy simplemente el "Bien trascendental" con el "bien moral", tan grande es su ignorancia de ciertas nociones sin embargo elementales; y, cuando se ve a los modernos interpretar así las concepciones antiguas, mientras que incluso no se trata en suma más que de filosofía, ¿puede aún sorprender que deformen ultrajantemente las doctrinas de un orden más profundo?

La verdad es que la "filosofía de los valores" no puede reivindicar el menor ligamen con una doctrina antigua cualquiera que sea, salvo librándose a pésimos juegos de palabras sobre las "ideas" y sobre el "bien", a los cuales habría incluso que añadir todavía otras confusiones como aquella, bastante común por lo demás, del "espíritu" con lo "mental"; ésta es, al contrario, una de las más típicamente modernas, y ello a la vez por los dos caracteres "subjetivista" y "moralista" que hemos indicado. No es difícil darse cuenta hasta qué punto es ella por eso mismo, opuesta al espíritu tradicional, como lo es por lo demás todo "idealismo", cuyo resultado lógico es hacer depender la verdad misma (y, hoy se diría también, lo "real") de las operaciones del "pensamiento" individual; quizá algunos "idealistas" han a veces retrocedido ante la enormidad de semejante consecuencia, en un tiempo donde el desorden intelectual aún no había llegado hasta el punto en donde ahora está; pero no creemos que los filósofos actuales puedan tener tales dudas... Pero, después de todo ello, aún está permitido preguntarse a qué puede servir exactamente la preponderancia de esta idea particular de "valor", lanzada así en el mundo a la manera de una nueva "consigna" o, si se quiere, de una nueva "sugestión"; la respuesta a esta cuestión es muy fácil también, si se piensa que la desviación moderna casi entera podría ser descrita como una serie de sustituciones que no son sino otras tantas falsificaciones en todos los órdenes; es en efecto más fácil destruir una cosa pretendiendo reemplazarla, aunque fuese por una parodia más o menos grosera, que reconociendo abiertamente que no se quiere dejar tras de sí más que la nada; e, incluso cuando se trata de algo que ya no existe de hecho, puede aún haber interés en fabricar una imitación de ello para impedir que se sienta la necesidad de restaurarlo, o para obstaculizar a los que podrían tener efectivamente tal intención. Es así para tomar solamente uno o dos ejemplos del primer caso, como la idea del "libre examen" fue inventada para destruir la autoridad espiritual, no negándola pura y simplemente primero, sino sustituyéndola por una falsa autoridad, la de la razón individual, o aún que el "racionalismo" filosófico se dio a la tarea de reemplazar la intelectualidad por lo que no es sino su caricatura. La idea de "valor" nos parece vincularse sobre todo al segundo caso: hace ya mucho tiempo que no se reconoce de hecho ninguna jerarquía real, es decir, fundada esencialmente sobre la naturaleza misma de las cosas; pero, por una u otra razón, que no pretendemos buscar aquí, ha parecido oportuno (no sin duda a los filósofos, pues ellos no son verosímilmente en eso más que los primeros engañados) instaurar en la mentalidad pública una falsa jerarquía, basada únicamente sobre apreciaciones sentimentales luego enteramente "subjetiva" (y, tanto más inofensiva, desde el punto de vista del "igualitarismo" moderno, cuanto que se encuentra así relegada a las nubes de lo "ideal", que es tanto como decir en las quimeras de la imaginación); se podría decir, en suma, que los "valores" representan una falsificación de jerarquía para uso de un mundo que ha sido conducido a la negación de toda verdadera jerarquía.

Lo que es todavía poco tranquilizador, es que se ose calificar a esos "valores" de "espirituales", y el abuso de esa palabra no es menos significativo que todo el resto; en efecto, encontramos aquí otra falsificación, la de la espiritualidad, la cual ya hemos tenido que denunciar diversas formas; la "filosofía de los valores" ¿tendría también algún papel que jugar a este respecto?

Lo que no es dudoso, en todo caso, es que no nos encontramos ya en la etapa en la cual el "materialismo" y el "positivismo" ejercían una influencia preponderante; se trata a partir de ahora de otra cosa que, para cumplir su destino, debe revestirse de un carácter más sutil; y, para decir claramente nuestro pensamiento sobre este punto, son el "idealismo" y el "subjetivismo" desde ahora, y lo serán cada vez mas, en el orden de las concepciones filosóficas, y por sus reacciones sobre la mentalidad general, los principales obstáculos a toda restauración de la verdadera intelectualidad.

CAPÍTULO IV

EL SENTIDO DE LAS PROPORCIONES[*]

Nos ocurre muy frecuentemente, comprobando la confusión que reina en nuestra época en todos los dominios, el insistir sobre la necesidad, para escapar a ello, de saber ante todo poner cada cosa en su lugar, es decir, situarla exactamente con relación a las otras, según su naturaleza y su importancia propias. Eso es, en efecto, lo que no saben ya hacer la mayor parte de nuestros contemporáneos, y ello porque no tienen ya la noción de ninguna verdadera jerarquía; esta noción, que está en cierto modo en la base de toda civilización tradicional, es, por esta razón misma, una de las que las fuerzas de la subversión cuya acción ha producido lo que se llama el espíritu moderno, se han especialmente dedicado a destruir. Asimismo, el desorden mental está hoy en todas partes, incluso entre los que se afirman "tradicionalistas" (y por otro lado hemos ya mostrado cómo lo que implica esa palabra es insuficiente para reaccionar eficazmente contra este estado de cosas): el sentido de las proporciones, en particular, falta

---

[*] Etudes Traditionnelles, París, diciembre de 1937.

extrañamente, hasta tal punto que se ve corrientemente, no sólo tomar como esencial lo que hay de más contingente o incluso de más insignificante, sino incluso poner en pie de igualdad lo normal y lo anormal, lo legítimo y lo ilegítimo, como si lo uno y lo otro fueran por así decir equivalentes y tuvieran el mismo derecho a la existencia.

Un ejemplo bastante característico de tal estado de cosas nos es proporcionado por un filósofo "neo-tomista"[93] que, en un artículo reciente, declara que, en las "civilizaciones de tipo sacral" (nosotros diríamos tradicional), como la civilización islámica, o la civilización cristiana de la Edad Media, "la noción de guerra santa podía tener un sentido", pero que pierde toda significación en las "civilizaciones de tipo profano" como la de hoy, donde lo temporal está más perfectamente diferenciado de lo espiritual, y en lo sucesivo muy autónomo, no tiene ya la función instrumental con relación a lo sagrado". Esta manera de expresarse ¿no parece indicar que no está muy lejos, en el fondo, de ver en ello un "progreso", o que, al menos, se considera que se trata de algo definitivamente conseguido y sobre lo cual "en lo sucesivo" no hay ya que volver? Por lo demás, querríamos, que se nos citará al menos otro ejemplo de las "civilizaciones de tipo

---

[93] Precisemos, para evitar todo equívoco y toda contestación, que, empleando la expresión "neo-tomismo", pretendemos designar así un intento de "adaptación" del tomismo, que no carece de concesiones bastante graves a las ideas modernas, por las cuales aquellos mismos que se proclaman de buena gana "antimodernos", son a veces afectados mucho más de lo que se podría creer; nuestra época está llena de semejantes contradicciones. (Nota del T.: El filósofo neo-tomista Jacques Maritain, que fuera embajador de la República Francesa en el Vaticano, escribió en su momento un opúsculo titulado Antimoderno).

profano", pues, por nuestra parte, no conocemos ni una sola fuera de la civilización moderna, que, precisamente por ser tal, no representa propiamente más que una anomalía; el plural parece haberse puesto allí expresamente para permitir establecer un paralelismo o, como decíamos hace un momento, una equivalencia entre ese "tipo profano" y el "tipo sacral" o tradicional, que es el de toda civilización normal sin excepción.

Es evidente de por sí que, si no se tratara más que de la simple comprobación de un estado de hecho, ello no daría lugar a ninguna objeción; pero, de tal comprobación a la aceptación de este estado como constituyendo una forma de civilización legítima del mismo modo que aquella de la que es la negación, hay verdaderamente un abismo.

Que se diga que la noción de "guerra santa" es inaplicable en las circunstancias actuales, eso es un hecho demasiado evidente y sobre el cual todo el mundo deberá estar totalmente de acuerdo; pero que no se diga por ello que esta noción no tiene ya sentido, pues el "valor intrínseco de una idea", y sobre todo de una idea tradicional como aquella, es enteramente independiente de las contingencias y no tiene la menor relación con lo que se llama la "realidad histórica"; ella pertenece a muy distinto orden de realidad. Hacer depender el valor de una idea, es decir, en suma, su verdad misma (pues, desde el momento que se trata de una idea, no vemos que su valor pudiera ser otro), de las vicisitudes de los acontecimientos humanos, tal es lo propio de este "historicismo" cuyo error hemos denunciado en otras ocasiones, y que no es sino una de las formas del "relativismo" moderno; que un filósofo "tradicionalista" comparta esta manera de ver, ¡he ahí algo molestamente significativo! Y, si él acepta el punto de vista profano como tan válido como el punto de vista tradicional, en lugar de no ver ahí más que la degeneración que es en realidad, ¿qué podrá encontrar todavía que decir sobre la demasiado famosa "tolerancia", actitud bien específicamente moderna y profana también, y que consiste, como se sabe, en conceder a no importa cuál error los mismos derechos que a la verdad?

Nos hemos extendido un poco obre este ejemplo, porque es verdaderamente muy representativo de una determinada mentalidad; pero, entiéndase bien, podrían fácilmente encontrarse gran número de otros, en un orden de ideas más o menos vecino a ella. A las mismas tendencias se vincula en suma la importancia atribuida indebidamente a las ciencias profanas por los representantes más o menos autorizados (pero en todo caso bien poco cualificados) de doctrinas tradicionales, yendo hasta esforzarse constantemente por "acomodar" éstas a los resultados más o menos hipotéticos y siempre provisionales de aquellas ciencias, como si, entre las unas y las otras, pudiera haber denominador común, y como si se tratara de cosas situadas en el mismo nivel. Semejante actitud, cuya debilidad es particularmente sensible en la "apologética" religiosa, muestra, entre los que creen deber adoptarla, un muy singular desconocimiento del valor, diríamos incluso de buena gana de la dignidad, de doctrinas que ellos se imaginan defender así, mientras que no hacen más que rebajarlas y disminuirlas; y son arrastrados de tal modo insensible e inconscientemente a los peores compromisos, entrando así con la cabeza gacha en la trampa que se les tiende por aquellos que no apuntan más que a destruir todo lo que tiene un carácter tradicional, y los cuales saben muy bien lo que hacen impulsándoles a ese terreno de la vana discusión profana. Sólo manteniendo de manera absoluta la trascendencia de la tradición se la deja (o más bien se la guarda) inaccesible a todo ataque de sus enemigos, que no se debería consentir en tratar como "adversarios"; pero, a falta del sentido de las proporciones, ¿quién comprende todavía eso hoy?

Acabamos de hablar de las concesiones hechas al punto de vista científico, en el sentido en que lo entiende el mundo moderno; pero las ilusiones demasiado frecuentes sobre el valor y el alcance del punto de vista filosófico, implican también un error de perspectiva del mismo género, puesto que ese punto de vista, por definición misma, no es menos profano que el otro. Se debería poder contentarse con sonreír a las pretensiones de los que quieren introducir "sistemas" puramente humanos, productos del simple pensamiento individual, en paralelo o en oposición con las doctrinas tradicionales, esencialmente supra-humanas, si no lograran demasiado, en muchos casos, que se tomaran esas pretensiones en serio. Si las consecuencias de ello son quizá menos graves, es solamente porque la filosofía no tiene, sobre la mentalidad general de nuestra época, sino una influencia más restringida que la de la ciencia profana; pero sin embargo, incluso ahí, sería un gran error, ya que el peligro no aparece tan inmediatamente, concluir que es inexistente o desdeñable. Por lo demás, incluso cuando no hubiera a este respecto otro resultado que "neutralizar" los esfuerzos de muchos "tradicionalistas" extraviándolos en un dominio del cual no hay ningún provecho real que sacar con vistas a una restauración del espíritu tradicional, es siempre otro tanto ganado para el enemigo; las reflexiones que hemos ya hecho en otra ocasión, con relación a ciertas ilusiones de orden político y social, encontrarían igualmente su aplicación en semejante caso.

Desde ese punto de vista filosófico, ocurre también a veces, digámoslo de pasada, que las cosas toman un giro más bien divertido: nos referimos a las "reacciones" de ciertos "discutidores" de este tipo, cuando se encuentran alguna rara vez en presencia de alguien que rechace formalmente seguirlos en ese terreno, y de la estupefacción mezclada con despecho, hasta incluso con rabia, que sienten al comprobar que toda su argumentación cae en el vacío, a lo cual pueden resignarse tanto menos cuanto que son evidentemente incapaces de comprender las razones de ello. Hemos incluso tratado con gente que pretendía obligarnos a conceder, a las pequeñas construcciones de su propia fantasía individual, un interés que debemos reservar exclusivamente para las solas verdades tradicionales; no podíamos naturalmente más que oponerles una negativa rotunda, de donde accesos de furor verdaderamente indescriptibles; entonces, ¡no es solamente el sentido de las proporciones el que falta, sino también el sentido del ridículo!

Pero volvamos a cosas más serias: puesto que se trata aquí de errores de perspectiva, señalaremos todavía uno que, a decir verdad, es de un orden muy distinto, pues es en el dominio tradicional mismo donde se produce; y no es en suma más que un caso particular de la dificultad que generalmente tienen los hombres para admitir lo que sobrepasa su propio punto de vista.

Que algunos, que son incluso la mayoría, tengan su horizonte limitado a una sola forma tradicional, o incluso a un determinado aspecto de esta forma, y que estén por consiguiente encerrados en un punto de vista que se podría decir más o menos estrechamente "local", es algo perfectamente legítimo en sí, y además totalmente inevitable; pero lo que, por el contrario, no es aceptable en absoluto, es que ellos se imaginan que ese mismo punto de vista, con todas las limitaciones que le son inherentes, debe ser igualmente el de todos sin excepción, comprendidos los que han tomado conciencia de la unidad esencial de todas las tradiciones.

Contra aquellos, cualesquiera que sean, que demuestran tal incomprehensión, debemos mantener, de la manera más inquebrantable, los derechos de aquellos que se han elevado a un nivel superior, de donde la perspectiva es forzosamente diferente por completo; que se inclinen ante lo que son, actualmente al menos, incapaces de comprender ellos mismos, y que no se mezclen en nada que no es de su competencia, tal es en el fondo todo lo que les pedimos. Reconocemos de buen grado, por lo demás, en lo que concierne a su punto de vista limitado, que no carece de ciertas ventajas, primero porque les permite atenerse intelectualmente a algo bastante simple y encontrarse satisfechos con ello, y seguidamente porque, dada la posición totalmente "local" en la cual se han acantonado, no son seguramente molestados por nadie, lo que les evita que se levanten contra ellos a fuerzas hostiles a las cuales les sería imposible resistir.

CAPÍTULO V

LOS ORÍGENES DEL MORMONISMO[*]

Entre las sectas religiosas o pseudo-religiosas extendidas en América, la de los Mormones es sin duda una de las más antiguas e importantes, y creemos que no deja de tener interés exponer sus orígenes.

A principios del siglo XIX vivía en Nueva Inglaterra un pastor presbiteriano llamado Salomón Spalding, que había abandonado su ministerio por el comercio, en el que no tardó en llegar a la quiebra; después de este contratiempo, se puso a componer una especie de poema en estilo bíblico, que tituló el Manuscrito reencontrado, y con el cual contaba, al parecer, para rehacer su fortuna, en lo cual se equivocó, pues murió sin haber conseguido que algún editor lo aceptara. El tema de este libro se refería a la historia de los indios de América del Norte, que eran presentados como los descendientes del Patriarca José; era un largo relato de sus guerras y de sus supuestas emigraciones, desde la época de Sedecías, rey de Judá, hasta el siglo V de la era cristiana; la redacción del relato era atribuida a diversos cronistas sucesivos, de los cuales el

[*] Publicado originalmente en "Etudes Traditionnelles", París, 1940.

último, llamado Mormón, lo habría dejado en algún escondite subterráneo. ¿Cómo había tenido Spalding la idea de editar esta obra, por lo demás bastante aburrida, prodigiosamente monótona y escrita con un estilo deplorable? Nos parece casi imposible decirlo, y cabe preguntarse si esta idea la tuvo espontáneamente o si le fue sugerida por algún otro, pues no fue ni mucho menos el único en buscar lo que había sido de las diez tribus perdidas de Israel e intentar resolver ese problema a su manera. Se sabe que algunos han querido encontrar las huellas de esas tribus en Inglaterra, y hay ingleses que reivindican fuertemente para su nación el honor de este origen; otros han buscado esas mismas tribus algo más lejos, hasta en Japón.

Lo que es cierto es que existen en algunas regiones de Oriente, particularmente en Cochin, en la India meridional, y también en China, colonias judías muy antiguas, que pretenden estar establecidas desde la época de la cautividad de Babilonia. La idea de una emigración hacia América puede parecer mucho más inverosímil y sin embargo se le ocurrió a otros además de a Spalding; hay en ello una coincidencia bastante singular. En 1825, un israelita de origen portugués, Mordecai Manuel Noah, antiguo cónsul de los Estados Unidos en Túnez, alcanzó una isla llamada Grand Island, situada en la ribera del Niágara, y lanzó una proclama animando a todos sus correligionarios a venir a establecerse en esta isla, a la cual le dio el nombre de Ararat. El 2 de septiembre del mismo año, se celebró con gran pompa la fundación de la nueva ciudad; no obstante, y es esto lo que queríamos señalar, los Indios habían sido invitados a enviar representantes a esta ceremonia, en calidad de descendientes de las tribus perdidas de Israel, y debían también encontrar un refugio en la nueva Ararat. Este proyecto no tuvo ninguna continuación y la ciudad nunca fue construida; una veintena de años más tarde, Noah escribió un libro en el que preconizaba el restablecimiento de la nación judía en Palestina, y, aunque su nombre esté hoy bastante olvidado, se le debe considerar como el verdadero promotor del Sionismo. El episodio que acabamos de reseñar es anterior en casi cinco años a la fundación del Mormonismo; Spalding ya estaba muerto y no pensamos que Noah haya tenido conocimiento de su Manuscrito reencontrado. En todo caso, no se podía prever entonces la fortuna extraordinaria que estaba reservada a esta obra, y Spalding mismo probablemente nunca sospechó que un día llegaría a ser considerada por las multitudes como una nueva revelación divina; en esta época aún no se habían llegado a componer escritos expresamente diseñados autocalificados como "inspirados", como la Biblia de Oahspe o el Evangelio Acuariano, vastas elucubraciones que encuentran en los americanos de nuestros días un medio completamente preparado.

Había en Palmyra, en Vermont, un hombre joven de bastante mala reputación, llamado Joseph Smith; se había significado frente a sus conciudadanos, durante uno de esos períodos de entusiasmo religioso que los americanos llaman revivals, difundiendo el relato de una visión con la que pretendía haber sido favorecido; después se convirtió en "buscador de tesoros", viviendo del dinero que le remitían gentes crédulas a las que prometía indicar, gracias a ciertos procedimientos adivinatorios, las riquezas enterradas en el suelo. Es entonces cuando echó mano al manuscrito de Spalding, doce años después de la muerte de su autor; se cree que este manuscrito le fue dado por uno de sus colegas, Sydney Rigdon, que lo habría sustraído de una imprenta en la que hacía su aprendizaje; la viuda, el hermano y el antiguo socio de Spalding siempre reconocieron y afirmaron formalmente la identidad del Libro de Mormón con el Manuscrito Reencontrado. Pero el "buscador de tesoros" pretendía que, guiado por un ángel, había sacado el libro del lugar en que Mormón lo había enterrado, en forma de placas de oro cubiertas de caracteres jeroglíficos; añadió que el ángel le había hecho descubrir igualmente dos piedras traslúcidas, que no eran otras que el Urim y el Thummim que figuraban sobre el pectoral del Sumo Sacerdote de Israel[94], y cuya posesión, que le procuraba el don de lenguas y el espíritu de profecía, le había permitido traducir las misteriosas placas. Una decena de testigos declararon haber visto esas placas; tres de ellos afirmaron incluso que también habían visto al ángel, que enseguida los había elevado y tomado bajo su guarda. Entre estos últimos estaba Martin Harris, que vendió su granja para ayudar a los costes de publicación del manuscrito, a pesar de los avisos del profesor Anthon, de New York, a quien había sometido una muestra de los pretendidos

---

[94] Éxodo, XXVIII, 30.- Estas dos palabras hebreas significan "luz" y "verdad".

jeroglíficos, y que le había puesto en guardia contra lo que le parecía una vulgar superchería. Es de suponer que Smith se había procurado algunas placas de latón y había trazado en ellas caracteres copiados de diversos alfabetos; según el Sr. Anthon[95], había sobre todo una mezcla de caracteres griegos y hebreos, así como una grosera imitación del calendario mexicano publicado por Humboldt. Por lo demás, es extremadamente difícil decir si los que se adhirieron a Smith al principio fueron sus víctimas o sus cómplices; en lo que respecta a Harris, cuya fortuna fue gravemente comprometida por el poco éxito que en principio tuvo el Libro de Mormón, no tardó en renegar de la nueva fe y en pelearse con Smith, éste pronto tuvo una revelación que dispuso su manutención a cargo de sus adherentes; después, el 6 de Abril de 1830, otra revelación vino a constituirlo profeta de Dios, con la misión de enseñar a los hombres una nueva religión y establecer la "Iglesia de los Santos de los Últimos Días" (Church of Latter-Day Saints), en la que debía entrarse por un nuevo bautismo; la iglesia sólo contaba entonces con seis miembros, pero, al cabo de un mes, tenía una treintena, entre los que estaban el padre y los hermanos de Smith. Esta Iglesia, en suma, no se diferenciaba mucho de la mayoría de sectas protestantes; en los trece artículos de fe que entonces fueron formulados por el fundador, cabe señalar solamente la condena del bautismo de los niños (articulo 4), la creencia "en que un hombre puede ser llamado por Dios

---

[95] Carta al Sr. Howe, 17 de Febrero de 1834.

mediante la profecía y la imposición de manos" (articulo 5), y que los dones milagrosos tales como la "profecía, revelación, visiones, curación, exorcismo, interpretación de lenguas", han sido perpetuados en la iglesia (artículo 7), el añadido del Libro de Mormón a la Biblia como "palabra de Dios" (articulo 8), y por último la promesa de "que Dios revelará aún grandes cosas concernientes a Su Reino" (articulo 9). Mencionemos todavía el artículo 10, concebido así: "Creemos en la reunión literal de Israel y en la restauración de las diez tribus; creemos que Sión será reconstruida sobre este continente, que Cristo reinará personalmente sobre la tierra, y que la tierra será renovada y recibirá la gloría paradisíaca". El comienzo de este articulo recuerda curiosamente los proyectos de Noah; la continuación es la expresión de un "milenarismo" que no es absolutamente excepcional en las iglesias protestantes, y que, en esta misma región de Nueva Inglaterra, debía también dar nacimiento, hacia 1840, a los "Adventistas del Séptimo Día". Finalmente, Smith quiso reconstituir la organización de la iglesia primitiva: Apóstoles, Profetas, Patriarcas, Evangelistas, Ancianos, Diáconos, Pastores y Doctores, más dos jerarquías de pontífices, una según el orden de Aarón y otra según el orden de Melquisedec.

Los primeros adherentes de la nueva Iglesia fueron gentes muy poco instruidas, pequeños granjeros o artesanos en su mayor parte; el menos ignorante de entre ellos era Sydney Rigdon, el que probablemente había puesto en manos de Smith el manuscrito de Spalding; él también, por una revelación, fue encargado de la parte literaria de la obra, y se le atribuye la primera parte del libro de las Doctrinas y Alianzas, publicado en 1846, y que es en cierta forma el Nuevo Testamento de los Mormones; por lo demás, no tardó en obligar al profeta, para el que se había vuelto indispensable, a tener otra revelación que llevase a compartir entre ambos la supremacía. Mientras tanto, la secta comenzaba a crecer y a darse a conocer hacia fuera: los irvingenistas ingleses, que creían también en la perpetuación de los dones milagrosos en la Iglesia, enviaron a Smith una carta firmada por un "concilio de pastores" expresándole su simpatía. Pero tanto éxito, suscitó hacia Smith adversarios que no dejaron de recordar su poco honorable pasado; también, desde 1831, el profeta juzgó prudente cambiar de residencia: de Fayette, en el condado de Seneca, Estado de New York donde había instituido su Iglesia, fue a establecerse a Kirtland, en Ohio; después hizo con Rigdon un viaje de exploración a los países del Oeste, y, a su vuelta, emitió una serie de revelaciones ordenando a los "Santos" establecerse en el condado de Jackson, Estado de Missouri, para construir una "Sión santa". En algunos meses, mil doscientos creyentes respondieron a esta llamada y se entregaron a trabajar por el desarrollo del país y en la erección de la "nueva Jerusalén"; pero los primeros ocupantes de la región les hicieron blanco de toda suerte de vejaciones, y finalmente los expulsaron de Sión. Durante este tiempo, Joseph Smith, permaneció en Kirtland, y fundó una casa de comercio y de banca, en cuya caja, como nos explica su propia biografía, él y su familia tenían un derecho ilimitado de disposición a manos llenas; en

1837, el banco quebró, y Smith y Rigdon, amenazados de persecución por estafa, debieron huir con sus fieles de Missouri. Cuatro años habían pasado desde que éstos habían sido expulsados de Sión, pero se habían retirado a las regiones vecinas, en donde habían adquirido nuevas propiedades; Smith, desde su llegada, les declaró que había llegado la hora de "someter a sus enemigos bajo sus pies". Los Missourianos, al conocer su actitud, se exasperaron y las hostilidades comenzaron casi inmediatamente; los Mormones, vencidos, debieron capitular y comprometerse a abandonar el país sin tardar; el profeta, librado a las autoridades, consiguió escapar de sus guardias y reunirse con sus discípulos en Illinois. Allí, los "Santos" se dedicaron a construir una villa, la ciudad de Nauvoo, sobre la ribera del Mississippi; llegaron más prosélitos, incluso de Europa, pues una misión enviada a Inglaterra en 1837 había dispensado diez mil bautismos, y una revelación conminó a estos nuevos convertidos a acudir a Nauvoo "con todo su dinero, su oro y sus piedras preciosas". El estado de Illinois acordó para la ciudad una carta de incorporación; Joseph Smith fue proclamado alcalde, y organizó una milicia de la que fue nombrado general; desde entonces, gustaba aparecer a menudo montado a caballo y de uniforme. Su consejero militar fue un cierto general Bennet, que había servido en el ejército de los Estados Unidos; el tal Bennet había ofrecido sus servicios a Smith en una carta en la que, profesando una completa incredulidad en cuanto a la misión divina de aquél, e incluso tratando de "divertida mascarada" al bautismo mormón que había recibido, prometía al profeta "una asistencia devota y las apariencias de una fe sincera". La prosperidad creciente de la secta llevó la vanidad de Smith a tal punto que osó, en 1844, presentar su candidatura a la presidencia de los Estados Unidos.

Es hacia esta época cuando la poligamia fue introducida en el Mormonismo; la revelación que la autorizó está fechada en julio de 1843, pero fue mantenida en secreto durante mucho tiempo y reservada a un pequeño número de iniciados; sólo al cabo de una decena de años esta práctica fue dada a conocer públicamente por los jefes Mormones[96]. Pero, a pesar del cuidado que se tuvo en silenciar la revelación, sus resultados fueron conocidos a pesar de todo; un cuerpo de oposición formado en el seno mismo de la secta, dio a conocer su protesta en un periódico titulado The Expositor. Los partidarios del profeta arrasaron el taller de ese periódico; los redactores huyeron y denunciaron a las autoridades a Joseph Smith y a su hermano Hiram como perturbadores del orden público. Fue dictada una orden de arresto contra ellos y, para ejecutarla, el gobierno de Illinois tuvo que acudir a las milicias; Joseph Smith, viendo que no podía resistir juzgó prudente entregarse; fue recluido con su hermano en la prisión del condado, en Carthage. El 27 de julio de 1844, una muchedumbre en armas invadió la prisión e hizo fuego contra los detenidos; Hiram Smith murió en el acto, y Joseph,

---

[96] La revelación de la que tratamos ha sido publicada en el órgano oficial de la secta, The Millenary Star ("La Estrella Milenaria"), en enero de 1853.- Las demás revelaciones que hemos mencionado anteriormente han sido recogidas en las Doctrinas y Alianzas; no hemos considerado necesario indicar aquí, para cada una de ellas, el número de la sección" en la que se encuentran.

queriendo huir por la ventana, perdió impulso y fue a estrellarse contra el suelo; tenía treinta y nueve años. No parece probable que los asaltantes se hubiesen organizado espontáneamente ante la prisión; no se sabe por quién fueron dirigidos o al menos influenciados, pero es muy posible que alguien haya tenido interés en hacer desaparecer a Joseph Smith en el preciso momento en que veía realizarse todas sus ambiciones.

Además, si éste fue incontestablemente un impostor, aunque algunos hayan intentado presentarlo como un fanático sincero, no es seguro que haya imaginado por sí mismo todas sus imposturas; se han dado muchos otros casos más o menos similares, en los que los jefes aparentes de un movimiento a menudo no fueron más que los instrumentos de inspiradores ocultos, que ellos mismos no conocieron quizá nunca; y un hombre como Rigdon, por ejemplo, podría muy bien haber jugado un papel intermediario entre Smith y tales inspiradores. La ambición personal que predominaba en el carácter de Smith pudo, junto con su ausencia de escrúpulos, hacerlo apto para la realización de designios más o menos tenebrosos; pero, más allá de ciertos limites, podía resultar peligroso, y normalmente, en tal caso, el instrumento es liquidado despiadadamente; esto es lo que ocurrió en el caso de Smith. Indicamos estas consideraciones sólo a título de hipótesis, sin querer establecer ninguna conclusión; pero es suficiente para mostrar que es difícil realizar un juicio definitivo sobre los individuos, y que la investigación de las verdaderas responsabilidades es mucho más complicada de lo que imaginan quienes sólo se atienen a las apariencias.

Después de la muerte del profeta, cuatro pretendientes, Rigdon, William Smith, Lyman Wright y Brighman Young, se disputaron su sucesión; fue Brighman Young, antiguo carpintero y presidente del "Colegio de los Apóstoles", quien finalmente venció y fue proclamado "vidente, revelador y presidente de los Santos de los Últimos Días". La secta continuó creciendo; pero pronto los habitantes de nueve condados se coligaron con la intención de exterminar a los Mormones. Los jefes de éstos decidieron entonces una emigración en masa de su pueblo hacia una región alejada y desierta de la Alta California, que pertenecía a México; esta noticia fue anunciada por una "epístola católica" fechada el 20 de enero de 1846. Los vecinos de los Mormones consintieron en dejarlos tranquilos, mediando la promesa de partir antes del comienzo del verano siguiente; los "Santos" aprovecharon el plazo para acabar el templo que estaban construyendo sobre la colina de Nauvoo, y al cual una revelación había imputado ciertas misteriosas bendiciones; la consagración tuvo lugar en mayo. Los habitantes de Illinois, viendo en ello una falta de sinceridad y la prueba de una voluntad de retorno por parte de los Mormones, expulsaron brutalmente de sus viviendas a aquellos que todavía permanecían allí y, el 17 de septiembre, tomaron posesión de la ciudad abandonada. Los emigrantes emprendieron un penoso viaje; muchos quedaron por el camino, algunos murieron de frío y de privaciones. En la primavera, el presidente partió en avanzadilla con un cuerpo de pioneros;

el 21 de julio de 1847 alcanzaron el valle del Gran Lago Salado y, sorprendidos por los parecidos de su configuración geográfica con la de la tierra de Canaán, resolvieron fundar un "jalón de Sión" (stake of Sion), en espera del momento en que pudiesen reconquistar la verdadera Sión, es decir la ciudad del condado de Jackson que las profecías de Smith les aseguraban que debía ser su herencia. Cuando fue reunida la colonia, contaba cuatro mil personas; aumentó rápidamente y, seis años más tarde, el número de sus miembros se elevaba ya a treinta mil. En 1848, el país había sido cedido por México a los Estados Unidos; sus habitantes solicitaron al Congreso ser considerados como un Estado soberano, bajo el nombre de "Estado de Deseret", tomado del Libro de Mormón; pero el Congreso reconoció al país sólo como Territorio con el nombre de Utah, no pudiendo pasar a ser un Estado libre más que cuando su población alcanzase la cifra de sesenta mil hombres, lo que aún animó más a los Mormones para intensificar su propaganda y llegar a ser los necesarios lo más rápidamente posible y poder legalizar así la poligamia y sus demás instituciones particulares; mientras tanto, el presidente Brigham Young fue nombrado gobernador de Utah. A partir de ese momento, la prosperidad material de los Mormones fue siempre creciente, así como su número, a pesar de algunos episodios desgraciados, entre los que cabe señalar un cisma que se produjo en 1851: los que no habían seguido la emigración constituyeron una "Iglesia Reorganizada" con sede en Lamoni, en Iowa, y que se pretendía como la única legítima; pusieron a la cabeza al joven Joseph Smith, el propio hijo del profeta, que había permanecido en Independence, en Missouri. Según una estadística oficial fechada en 1911, esta "Iglesia Reorganizada" contaba entonces cincuenta mil miembros, mientras que la rama de Utah contaba con trescientos cincuenta mil.

El éxito del Mormonismo puede parecer sorprendente; es probable que sea debido más que nada a la organización jerárquica y teocrática de la secta, muy hábilmente concebida, hay que reconocerlo, que al valor de su doctrina, aunque la extravagancia misma de ésta sea susceptible de ejercer una atracción sobre ciertos espíritus; sobre todo en América, las cosas más absurdas de este género triunfan de una forma increíble. Esta doctrina no ha permanecido siempre como era al comienzo, y esto se comprende fácilmente puesto que nuevas revelaciones pueden venir a modificarla en cualquier instante: tanto es así que la poligamia es considerada en el Libro de Mormón "una abominación a los ojos del Señor", lo que no impidió a Joseph Smith tener otra revelación por la cual pasaba a ser "la gran bendición de la última Alianza". Las innovaciones propiamente doctrinales parecen haber sido debidas sobretodo a Orson Pratt, bajo cuya dominación intelectual Smith estuvo hasta el final de su vida, y que tenía un conocimiento más o menos vago de las ideas de Hegel y de algunos otros filósofos alemanes, popularizados por escritores tales como Parker y Emerson[97].

---

[97] Orson Pratt editó en 1853 un órgano titulado The Seer ("El Vidente"), del cual tomamos una gran parte de las citas que siguen.

Los conceptos religiosos de los Mormones son del más grosero antropomorfismo, como prueban estos extractos de uno de sus catecismos:

"Cuestión 28. ¿Qué es Dios? —Un ser inteligente y material, que tiene cuerpo y miembros."

"Cuestión 38. ¿Es también susceptible de pasión? —Sí, él come, bebe, odia y ama."

"Cuestión 44. ¿Puede habitar en varios lugares a la vez? —No:"

Este Dios material habita el planeta Colob; también es materialmente considerado como el Padre de las criaturas, que él ha engendrado, y el profeta dice en su último sermón: "Dios no ha tenido el poder de crear el espíritu del hombre. Esta idea empequeñecería al hombre a mis ojos; pero yo sé más que esto". Lo que sabía o pretendía saber, es esto: de entrada, el Dios de los Mormones es un Dios que "evoluciona", su origen fue "la fusión de dos partículas de materia elemental", y, por un desarrollo progresivo, alcanzó la forma humana: "Dios, evidentemente, ha comenzado por ser un hombre, y, por medio de una continua progresión, ha llegado a ser lo que él es, y puede continuar progresando de la misma manera eterna e indefinidamente. Del mismo modo, el hombre puede crecer en conocimiento y en poder tanto como le plazca. Puesto que el hombre está dotado de una progresión eterna, llegará ciertamente un tiempo en que sabrá tanto como Dios sabe ahora". Joseph Smith dice además: "El más débil hijo de Dios que ahora existe sobre la tierra, poseerá a su tiempo más dominios, súbditos, potencia y gloria que los que poseen hoy Jesucristo o su Padre, puesto que el poder y la elevación de estos crecerán en la misma proporción". Y Parly Pratt, hermano de Orson, desarrolla así esta idea:" ¿Qué hará el hombre cuando este mundo esté superpoblado? Hará otros mundos y volará como un enjambre de abejas. Y cuando un granjero tenga demasiados hijos para su parte de tierra, les dirá: Hijos míos, la materia es infinita; cread un mundo y pobladlo". Las representaciones de la vida futura son por lo demás tan materiales como es posible concebir, y contienen detalles tan ridículos como las descripciones del Summerland de los espiritistas anglosajones:

"Suponed, dice el mismo Parly Pratt, que de la población de nuestra tierra, una persona de cada cien tenga parte en la bendita resurrección; ¿qué porción podría tocar a cada uno de los Santos? Nosotros respondemos: cada uno de ellos podrá tener ciento cincuenta acres de tierra, lo que será plenamente suficiente para pastorear la manada, construir espléndidas viviendas, y también para cultivar flores y todas las cosas que agradan al agricultor y al botánico". Otro "Apóstol", Spencer, canciller de la Universidad de Deseret y autor del Orden Patriarcal, dice también: "La residencia futura de los Santos no es algo figurado; tanto como aquí abajo, necesitarán casas para ellos y sus familias. Literalmente, aquellos que han sido despojados de sus bienes, casas, tierras, mujer o hijos, recibirán cien veces más... Abraham y Sarah continuarán multiplicándose no sólo aquí abajo, sino en todos los mundos por venir... La resurrección os dará vuestra propia mujer, que guardaréis por toda la eternidad, y criaréis niños de vuestra propia carne". Algunos espiritistas, es cierto, no esperan a la resurrección para hablarnos de ¡"matrimonios celestes"! y de ¡"niños astrales"!

Pero esto no es todo: de la idea de un Dios "en devenir", que no les pertenece exclusivamente y de la que se puede encontrar más de un ejemplo en el pensamiento moderno, los Mormones han pasado pronto a la de una pluralidad de dioses que forman una jerarquía indefinida. En efecto, le fue revelado a Smith "que nuestra actual Biblia sólo era un texto truncado y pervertido, al cual tenía la misión de devolver su pureza original", y que el primer versículo del Génesis debía ser interpretado así: "el Dios jefe engendró a los demás dioses con el cielo y la tierra". Además, "cada uno de estos dioses es el Dios especial de los espíritus de toda carne que habita en el mundo que él ha formado". Finalmente, cosa aún más extraordinaria, una revelación de Brigham Young, en 1853, nos enseña que el Dios de nuestro planeta es Adán, que no es más que otra forma del arcángel Miguel: "Cuando nuestro padre Adán vino a Edén, trajo consigo a Eva, una de sus mujeres. Él ayudó a la organización de este mundo. Él es Miguel, el Anciano de los Días. Él es nuestro padre y nuestro Dios, el único Dios con el que nosotros tenemos relación". En estas fantásticas historias hay dos cosas que nos recuerdan ciertas especulaciones rabínicas, mientras que, por otra parte, no podemos dejar de pensar en el "pluralismo" de William James; ¿no estarán los Mormones entre los primeros en haber formulado el concepto, caro a los pragmatistas, de un Dios limitado, el "Invisible Rey" de Wells?

La cosmología de los Mormones, por lo que se puede juzgar de fórmulas tan vagas y confusas, es una especie de monismo atomista, en el que la consciencia o la inteligencia es considerada como inherente a la materia: la única cosa que ha existido por toda la eternidad es "una cantidad indefinida de materia móvil e inteligente, de la que cada partícula que existe ahora ha existido en todas las profundidades de la eternidad en el estado de libre locomoción. Cada individuo del reino animal o vegetal contiene un espíritu vivo e inteligente. Las personas son sólo tabernáculos en los que reside la eterna verdad de Dios. Cuando decimos que sólo hay un Dios y que es eterno, no designamos a ningún ser en particular, sino a esta suprema Verdad que habita una gran variedad de sustancias". Esta concepción de un Dios impersonal, que vemos aparecer aquí, parece estar en contradicción absoluta con la concepción antropomórfica y evolucionista que hemos indicado precedentemente; pero sin duda hay que hacer una distinción y admitir que el Dios corporal que reside en el planeta Colob sólo es el jefe de esta jerarquía de seres "particulares" que los Mormones llaman también dioses; e incluso deberíamos añadir que el Mormonismo, cuyos dirigentes pasan por toda una serie de "iniciaciones", tiene probablemente un esoterismo y un exoterismo. Pero continuemos: "Cada hombre es un agregado de tantos individuos inteligentes como partículas de materia entran en su formación". Aquí, nos encontramos algo que recuerda a la vez al monadismo leibnizniano, entendido por lo demás en su sentido más exterior, y a la teoría del "polipsiquismo" que sostienen ciertos "neo-espiritualistas". Finalmente, siempre en el mismo orden de ideas, el presidente Brigham Young, en uno de sus sermones, proclamó que "la recompensa de los buenos será una progresión eterna, y la punición de los malvados un retorno de su sustancia a los elementos primitivos de todas las cosas". En diversas escuelas de ocultismo se amenaza, igualmente, de "disolución final" a aquellos que no podrán llegar a alcanzar la inmortalidad; y también hay algunas sectas protestantes, como los adventistas particularmente, que sólo admiten para el hombre una "inmortalidad condicionada".

Pensamos haber dicho lo suficiente para que se comprendan en lo que valen las doctrinas de los Mormones, y también para que se comprenda que, a pesar de su singularidad, su aparición no constituye un fenómeno aislado: representan en suma, en muchas de sus partes, tendencias que han encontrado múltiples expresiones en el mundo contemporáneo, y cuyo desarrollo actual aparece como un síntoma bastante inquietante de un desequilibrio mental que arriesga generalizarse si no se vigila cuidadosamente; los americanos han hecho a Europa, desde esta perspectiva, muy enojosos presentes.

Capítulo VI

La Gnosis y las Escuelas Espiritualistas[*]

L a Gnosis, en su sentido más amplio y más elevado, es el conocimiento; el verdadero gnosticismo no puede pues ser una escuela o un sistema particular, sino que debe ser ante todo la búsqueda de la Verdad integral. Sin embargo, no habría que creer por ello que deba aceptar todas las doctrinas cualesquiera que sean, so pretexto de que todas contienen una parcela de verdad, pues la síntesis no se obtiene por una amalgama de elementos dispares, como lo creen demasiado fácilmente los espíritus habituados a los métodos analíticos de la ciencia occidental moderna.

Se habla mucho actualmente de unión entre las diversas escuelas llamadas espiritualistas; pero todos los esfuerzos realizados hasta aquí para realizar esa unión han resultado vanos. Pensamos que será siempre igual, pues es imposible asociar doctrinas tan disímiles como lo son todas las que se alinea bajo el nombre de espiritualismo; tales elementos jamás

---

[*] "La Gnose et les Ecoles spiritualistes", publicado en La Gnose, diciembre de 1909 y "Les Néo-spiritualistes", en La Gnose, agosto, sept., octubre, noviembre de 1911 y febrero de 1912 (firmado: T. Palingénius). Artículos recopilados en Mélanges, formando un solo capítulo.

podrán constituir un edificio estable. El error de la mayor parte de esas doctrinas sedicentemente espiritualistas es no ser en realidad más que materialismo transpuesto a otro plano, y querer aplicar al dominio del Espíritu los métodos que la ciencia ordinaria emplea para estudiar el Mundo hílico. Esos métodos experimentales nunca harán conocer otra cosa que simples fenómenos, sobre los cuales sobre los cuales es imposible edificar una teoría metafísica cualquiera, pues un principio universal no puede inferirse de hechos particulares. Por lo demás, la pretensión de adquirir el conocimiento del mundo espiritual por medios materiales es evidentemente absurda; este conocimiento, solamente en nosotros mismos podremos encontrar sus principios, y no en los objetos exteriores.

Algunos estudios experimentales tienen sin duda su valor relativo, en el dominio que les es propio; pero, fuera de ese mismo dominio, no pueden ya tener ningún valor. Por ello el estudio de las fuerzas llamadas psíquicas, por ejemplo, no puede presentar para nosotros ni más ni menos interés que el estudio de no importa qué otras fuerzas naturales, y no tenemos ninguna razón para solidarizarnos con el sabio que prosigue este estudio, no más que con el físico o con el químico que estudian otras fuerzas. Entiéndase bien que hablamos solamente del estudio científico de esas fuerzas llamadas psíquicas y no de las prácticas de los que, partiendo de una idea preconcebida, quieren ve ahí la manifestación de los muertos; esas prácticas no tienen ya incluso el interés relativo de una ciencia experimental, y tienen el peligro que presenta siempre el manejo de una fuerza cualquiera por ignorantes.

Luego es imposible para los que buscan adquirir el conocimiento espiritual, unirse a experimentadores, psiquistas u otros, no por que tengan desprecio por estos últimos, sino simplemente porque no trabajan en el mismo plano. No menos imposible les es admitir doctrinas de pretensiones metafísicas que se apoyen sobre una base experimental, doctrinas a las cuales no se puede seriamente conceder un valor cualquiera, y que conducen siempre a consecuencias absurdas.

La Gnosis debe pues descartar todas esas doctrinas, y no apoyarse más que sobre la Tradición ortodoxa contenida en los Libros sagrados de todos los pueblos. Tradición que es por todas partes la misma, a pesar de las formas diversas que reviste para adaptarse a cada raza y a cada época. Pero, aquí aún, se precisa tener mucho cuidado en distinguir esta Tradición verdadera de todas las interpretaciones erróneas y de todos los comentarios de fantasía que se han dado en nuestros días por una multitud de escuelas más o menos ocultistas, que han desgraciadamente querido hablar demasiado frecuentemente de lo que ignoraban. Es fácil atribuir una doctrina a personajes imaginarios para darle más autoridad, y pretender estar en relación con centros iniciáticos perdidos en las regiones más alejadas del Tíbet o sobre las cumbres más inaccesibles del Himalaya; pero los que conocen los centros iniciáticos reales saben lo que hay que pensar de esas pretensiones.

Esto basta para mostrar que la unión de las escuelas llamadas espiritualistas es imposible, y que además, incluso si fuera posible, no produciría ningún resultado válido, y en consecuencia estaría bien lejos de ser tan deseable como lo creen gentes bienintencionadas, pero insuficientemente informadas sobre lo que son verdaderamente esas diversas escuelas. En realidad, la sola unión posible, es la de todos los centros iniciáticos ortodoxos que han conservado la verdadera Tradición en toda su pureza original; pero esta unión no solamente es posible sino que existe actualmente como ha existido en todo tiempo. Cuando el momento haya llegado, la Thébah misteriosa donde son contenidos todos los principios se abrirá, y mostrará a los que sean capaces de contemplar la Luz sin ser cegados por ella, el edificio inmutable de la universal síntesis.

Desde el principio de la publicación de la revista La Gnose, hemos repudiado muy claramente, pues nos importaba muy particularmente no dejar subsistir a este respecto ningún equívoco en el espíritu de nuestros lectores, hemos, decimos, repudiado toda solidaridad con las diferentes escuelas llamadas espiritualistas, ya se trate de las ocultistas, de las teosofistas, de las espiritistas o de todo otro grupo más o menos similar.

En efecto, todas esas opiniones, que se pueden reunir bajo

la denominación común de "neo-espiritualistas"[98] no tienen más relación con la Metafísica, lo único que nos interesa, de la que puedan tener las diversas escuelas científicas o filosóficas del Occidente moderno; y presentan además, en virtud de sus pretensiones injustificadas y poco razonables, el grave inconveniente de poder crear, entre las gentes insuficientemente informadas, confusiones extremadamente lamentables, no logrando sino hacer recaer sobre otros, entre los cuales estamos, algo del descrédito que sólo debería alcanzarles a ellas solas, y muy legítimamente, entre todos los hombres serios.

Por ello estimamos no tener que guardar ningún miramiento con las teorías en cuestión, tanto más cuanto que, lo que hacemos, estamos seguros que sus representantes más o menos autorizados, lejos de actuar igualmente a nuestro respecto, no nos lo reconocerían ni nos testimoniarían por ello menos hostilidad; sería pues, por nuestra parte, una pura debilidad que no nos traería ningún provecho, bien al contrario, y que podrían siempre reprocharnos los que conocen por encima nuestros verdaderos sentimientos. No dudamos pues en declarar que consideramos todas esas teorías neo-espiritualistas, en su conjunto, como no menos falsas en su principio mismo y dañosas para la mentalidad

---

[98] Hay que tener cuidado en distinguir ese neo-espiritualismo del espiritualismo llamado clásico o ecléctico, muy poco interesante sin duda, y de nulo valor desde el punto de vista metafísico, pero que al menos no se presentaba más que como un sistema filosófico como los otros; totalmente superficial, debe precisamente su éxito a esa falta misma de profundidad, que lo hacía sobre todo muy cómodo para la enseñanza universitaria.

pública de lo que lo es nuestros ojos, como ya hemos dicho anteriormente, la tendencia modernista, bajo cualquier forma y dominio que se manifieste[99].

En efecto, si hay un punto al menos sobre el cual el Catolicismo, en su orientación actual, tiene todas nuestras simpatías, es en lo que concierne a su lucha contra el modernismo. Parece preocuparse mucho menos del neo-espiritualismo, que, es cierto, quizás ha tomado una menor y menos rápida extensión, y que además se mantiene sobre todo fuera de él y sobre otro terreno, de tal suerte que el Catolicismo no puede hacer apenas otra cosa que señalar sus peligros a aquellos de sus fieles que arriesgarían dejarse seducir por doctrinas de ese género. Pero, si alguno, colocándose fuera de toda preocupación confesional, y por consiguiente en un campo de acción mucho más extenso, encontrara un medio práctico de detener la difusión de tantas divagaciones e insanias más o menos hábilmente presentadas, según que lo sean por hombres de mala fe o por simples imbéciles, y que, en uno u otro caso, han ya contribuido a perturbar irremediable a tan gran número de individuos, estimamos que cumpliría, haciendo eso, una verdadera obra de salubridad mental, y rendiría un eminente servicio a una fracción considerable de la humanidad occidental actual[100].

---

[99] Véase también "L'0rthodoxie Maçonnique", en Etudes sur la Franc-Maçonnerie, tomo II, p. 262.
[100] En esta época donde pululan las asociaciones de todo género y las ligas contra todas las calamidades reales o supuestas, se podría quizás sugerir, por ejemplo, la idea de una "Liga antiocultista", que apelaría simplemente a todas las personas de buen sentido, sin ninguna distinción de partidos o de opiniones.

Tal no puede ser nuestra función, pues, por principio, nos prohibimos formalmente toda polémica, y nos mantenemos apartados de toda acción exterior y de toda lucha de partidos. Sin embargo, sin salir del dominio estrictamente intelectual, podemos, cuando la ocasión se nos presente, mostrar lo absurdo de ciertas doctrinas o de ciertas creencias, y a veces señalar ciertas declaraciones de los espiritualistas mismos, para mostrar el partido que se puede sacar contra sus propias afirmaciones doctrinales, pues la lógica no siempre es su fuerte, y la incoherencia es entre ellos un defecto bastante extendido, visible para todos los que no se dejan arrastrar por palabras más o menos pomposas, por las frases más o menos declamatorias, que muy frecuentemente sólo cubren el vacío del pensamiento. Con la finalidad que acabamos de indicar escribimos hoy el presente capítulo, reservándonos el retomar la cuestión todas las veces que lo juzguemos a propósito, y deseando que nuestras observaciones, hechas al azar de las lecturas y de las investigaciones que atrajeron incidentalmente nuestra atención sobre las teorías incriminadas, pudiesen, si todavía es tiempo, abrir los ojos de personas de buena fe que se han extraviado entre los neo-espiritualistas, y de los cuales algunos al menos serían quizá dignos de mejor suerte.

Ya, en varias ocasiones, hemos declarado que rechazamos absolutamente las hipótesis fundamentales del espiritismo, a saber la reencarnación[101], la posibilidad de comunicar con los

---

[101] Véase especialmente «Le Démiurge», y también Le Symbolisme de la Croix y L'Erreur Spirite.

muertos por medios materiales, y la pretendida demostración experimental de la inmortalidad humana[102]. Por otra parte, esas teorías no son propias solamente de los espiritistas y, en particular, la creencia en la reencarnación es compartida por la mayoría de entre ellos[103] con los teosofistas y un gran número de ocultistas de diferentes categorías. No podemos admitir nada de esas doctrinas, pues son formalmente contrarias a los principios más elementales de la Metafísica; además, y por esta razón misma, son claramente antitradicionales; por añadidura, no han sido inventadas más que en el curso del siglo XIX, bien que sus partidarios se esfuerzan por todos los medios posibles, torturando y desnaturalizando los textos, en hacer creer que remontan a la más alta antigüedad, empleando para ello los argumentos más extraordinarios y más inesperados; es así como hemos visto muy recientemente, en una revista que tendremos la caridad de no nombrar, el dogma católico de la "resurrección de la carne" interpretado en un sentido reencarnacionista; y aún es un sacerdote, sin duda fuertemente sospechoso de heterodoxia, ¡quien osa sostener semejantes afirmaciones! Es cierto que la reencarnación jamás ha sido condenada explícitamente por la Iglesia Católica, y ciertos ocultistas lo destacan en todo momento con evidente satisfacción; pero no parecen darse cuenta de que, si es así, es muy simplemente porque no era incluso posible suponer que vendría un día en

---

[102] Véase Etudes sur la Franc-Maçonnerie, t. II, p. 273.

[103] Se sabe que, no obstante, la mayor parte de los espiritistas americanos son la excepción y no son reencarnacionistas.

que se imaginaría tal locura. En cuanto a la "resurrección de la carne", no es en realidad más que una manera defectuosa de designar la "resurrección de los muertos", que, esotéricamente[104], puede corresponder a que el ser que realiza en sí el Hombre Universal reencuentra, en su totalidad, los estados que eran considerados como pasados con relación a su estado actual, pero que son eternamente presentes en la "permanente actualidad del ser extra-temporal"[105].

En otro artículo de la misma revista, hemos puesto de relieve una confesión involuntaria, incluso totalmente inconsciente quizás, que es lo bastante divertida como para merecer ser señalada de paso. Un espiritualista declara que. "la verdad está en la relación exacta de lo contingente a lo absoluto"; ahora bien, esa relación, siendo la de lo finito a lo infinito, no puede ser más que rigurosamente igual a cero; sacad vos mismos la conclusión y ved si tras eso subsiste todavía algo de esta pretendida "verdad espiritualista" que se nos presenta ¡como una futura "evidencia experimental"! Pobre "niño humano" (sic)[106], "psico-intelectual", al que se quiere "alimentar" con semejante verdad (¿?), y a quien se quiere hacer creer que está "hecho para conocerla, amarla y servirla", fiel imitación de ¡lo que el catecismo católico enseña con respecto a su Dios antropomorfo! Como esta "enseñanza

---

[104] Entiéndase bien que esta interpretación esotérica nada tiene en común con la doctrina católica actual, puramente exotérica; a este respecto véase Le Symbolisme de la Croix.
[105] Véase «Pages dédiées á Mercure», La Gnose, 2° año, n° 1, p. 35 y n° 2, p. 66.
[106] El autor tiene el cuidado de advertirnos que "no es un pleonasmo"; entonces, nos preguntamos lo que puede ser.

espiritualista" parece, en la intención de sus promotores, proponerse una finalidad sentimental y moral, nos preguntamos si vale la pena querer sustituir las viejas religiones que, a pesar de todos sus defectos, tenían al menos un valor incontestable desde ese punto de vista relativo, por bizarras concepciones que no las reemplazarán ventajosamente en ningún aspecto, y que, sobre todo, serán perfectamente incapaces de cumplir la función social que pretenden.

Volvamos a la cuestión de la reencarnación: éste no es lugar para demostrar su imposibilidad metafísica, es decir, su absurdidad; hemos ya dado todos los elementos de esta demostración[107] y la completaremos en otros estudios. Por el momento, debemos limitarnos a ver lo que de ella dicen sus partidarios mismos, a fin de descubrir la base que esta creencia puede tener en su entendimiento. Los espiritistas quieren sobre todo demostrar la reencarnación "experimentalmente" (¿?), por hechos, y ciertos ocultistas les siguen en estas investigaciones, que, naturalmente, no han desembocado en nada probatorio, como tampoco en lo que concierne a la «demostración científica de la inmortalidad». Por otro lado, la mayor parte de los teosofistas no ven, parece, en la teoría reencarnacionista más que una especie de dogma, de artículo de fe, que se debe admitir por motivos de orden sentimental, pero del cual sería imposible dar ninguna prueba

---

[107] Véase Le Symbolisme de la Croix, y L´Erreur spirite.

racional o sensible.

Rogamos a nuestros lectores excusarnos si, en la continuación, no podamos dar todas las referencias de manera precisa, pues hay gentes a la que quizá ofendería la verdad. Pero, para hacer comprender el razonamiento por el cual algunos ocultistas intentan probar la reencarnación. Es necesario que prevengamos primero que aquellos a los cuales hacemos alusión son partidarios del sistema geocéntrico: ellos consideran a la Tierra como el centro del Universo, sea materialmente, desde el punto de vista de la astronomía física misma, como Auguste Strindberg y diversos otros[108], sea al menos, si no llegan hasta eso, por un determinado privilegio en lo que concierne a la naturaleza de sus habitantes. Para ellos, en efecto, la Tierra es el único mundo donde hay seres humanos, porque las condiciones de la vida en los otros planetas o en los otros sistemas son demasiado diferentes de las de la Tierra para que un hombre pudiese adaptarse a ellas; resulta de ahí que, por "hombre", entienden exclusivamente un individuo corporal, dotado de los cinco sentidos físicos, de las facultades correspondientes (sin olvidar el lenguaje hablado... e incluso escrito), y de todos los órganos necesarios a las diversas funciones de la vida humana terrestre. No conciben que el hombre exista bajo otras formas de vida que

---

[108] Los hay que llegan a negar la existencia real de los astros y a considerarlos como simples reflejos, imágenes visuales o exhalaciones emanadas de la Tierra, según la opinión atribuida, sin duda falsamente, a algunos filósofos antiguos, tales como Anaximandro y Anaxímenes (véase la traducción de los Philosophumena, pp. 12 y 13); volveremos un poco más tarde sobre las concepciones astronómicas especiales de ciertos ocultistas.

ésa[109], ni, con mayor razón, que pudiese existir en modo inmaterial, extra-temporal, extra-espacial, y, sobre todo, fuera y más allá de la vida[110]. Por tanto, los hombres no pueden reencarnarse más que sobre la Tierra, puesto que no hay ningún otro lugar en el universo donde sea posible vivir; destaquemos por otra parte que esto es contrario a varias otras concepciones, según las cuales el hombre «se encarnaría» en diferentes planetas, como lo admite Louis Figuier[111], o en diversos mundos, sea simultáneamente, como lo imagina Blanqui[112], sea sucesivamente, como tendería a implicarlo la teoría del «eterno retorno» de Nietzsche[113]; algunos han llegado hasta a pretender que el individuo humano podía tener varios «cuerpos materiales» (sic)[114] viviendo al mismo tiempo en diferentes planetas del mundo físico[115].

Debemos añadir aún que los ocultistas de los que hemos hablado añaden a la doctrina geocéntrica su acompañamiento

---

[109] Por otro lado, podemos anotar de pasada que todos los escritores, astrónomos u otros, que han emitido hipótesis sobre los habitantes de los otros planetas, siempre los han concebido. Quizás inconscientemente, a imagen más o menos modificada, de los seres humanos terrestres (véase C. Flammarion. La Pluralité des Mondes habités, y Les Mondes imaginaires et les Mondes réels).

[110] La existencia de los seres individuales en el mundo físico está en efecto sometida a un conjunto de cinco condiciones: espacio, tiempo, materia, forma y vida, que se pueden hacer corresponder a los cinco sentidos corporales, así como a los cinco elementos; esta cuestión, muy importante, será tratada por nosotros, con todos los desarrollos que comporta, en el curso de otros estudios.

[111] Le Lendemain de la Mort ou la Vie future selon la Science: véase "A propos du Grand Architecte de l'Univers", en Etudes sur la Franc-Maçonnerie, t. II, p. 273.

[112] L'Eternité par les 'Astres.

[113] Véase Le Symbolisme de la Croix.

[114] He aquí una nueva ocasión para preguntarse si "eso no es un pleonasmo".

[115] Hemos incluso oído emitir la afirmación siguiente: "Si os ocurre soñar haber sido matado, es, en muchos casos, que, en ese mismo instante, ¡lo habéis sido efectivamente en otro planeta!"

habitual, la creencia en la interpretación literal y vulgar de las Escrituras; no pierden ninguna ocasión de mofarse públicamente de los triples y séptuples sentidos de los esoteristas y de los kabalistas[116]. Luego, según su teoría, conforme a la traducción exotérica de la Biblia, en el origen, el hombre, "saliendo de las manos del Creador" (pensamos que no podrá negársenos que eso sea antropomorfismo) fue "situado sobre la Tierra para "cultivar su jardín", es decir, según ellos, para "evolucionar la materia física", supuestamente más sutil por entonces que ahora. Por el "hombre", hay que entender aquí la colectividad humana entera, la totalidad del género humano, de tal suerte que "todos los hombres", sin ninguna excepción, y en número desconocido, pero sin duda muy grande, fueron primero encarnados al mismo tiempo sobre la Tierra[117]. En esas condiciones, no podía evidentemente producirse ningún nacimiento, puesto que no había ningún hombre no encarnado, y fue así en tanto que el hombre no murió, es decir, hasta la "caída", entendida en su sentido exotérico, como un hecho histórico[118], pero que se considera sin embargo como "pudiendo representar toda una serie de acontecimientos que han debido desarrollarse en el curso de

---

[116] Eso no les impide querer hacer algunas veces Kábala a su manera: es así como hemos visto que contaban hasta 72 Sephiroth; ¡y son esos los que osan acusar a otros de fantasear!

[117] Esa no es la opinión de algunas otras escuelas de ocultismo, que hablan de las "diferencias de edad de los espíritus humanos" con relación a la existencia terrestre, e incluso de los medios para determinarlas, hay también quienes buscan fijar el número de las encarnaciones sucesivas.

[118] Sobre la interpretación esotérica y metafísica de la "caída original" del hombre, véase "Le Démiurge".

un período de varios siglos". Se consiente pues con todo en ampliar un poco la cronología bíblica ordinaria, en la que resulta difícil situar toda la historia, no solamente de la Tierra, sino del mundo, desde la Creación hasta nuestros días, en una duración total de un poco menos de seis mil años (algunos llegan sin embargo hasta cerca de diez mil)[119].

A partir de la "caída", la materia física devino más grosera, sus propiedades fueron modificadas, fue sometida a la corrupción, y los hombres, aprisionados en esta materia, comenzaron a morir, a "desencarnarse"; seguidamente, comenzaron igualmente a nacer, pues esos hombres "desencarnados", que quedaban "en el espacio" (¿?) en la "atmósfera invisible" de la Tierra, tendían a "reencarnarse", a retomar la vida física terrestre en nuevos cuerpos humanos. Así, son siempre los mismos seres humanos (en el sentido de la individualidad corporal restringida, no se olvide) que deben renacer periódicamente del comienzo al final de la humanidad terrestre[120].

---

[119] No contradiríamos sin embargo la opinión que asignaría al Mundo una duración de diez mil años, si se quisiera tomar ese número "diez mil", no en sentido literal, sino como designando la indefinidad numérica. (Véase «Remarques sur la Notation mathématique»).

[120] Admitiendo que la humanidad terrestre tenga un fin, pues hay también escuelas según las cuales el fin que ella debe alcanzar es entrar en posesión de la "inmortalidad física" o "corporal", y cada individuo humano se reencarnará sobre la Tierra hasta que finalmente haya llegado a ese resultado. Por otra parte, según los teosofistas, la serie de las encarnaciones de un mismo individuo en este mundo está limitada a la duración de una sola "raza" humana terrestre, según lo cual todos los hombres que constituyan esta "raza" pasan a la "esfera" siguiente de la "ronda" a la cual pertenecen; los mismos teosofistas afirman que, como regla general (pero con excepciones), dos encarnaciones consecutivas están separadas por un intervalo fijo de tiempo, cuya duración sería de mil quinientos años, mientras que, según los espiritistas, se podría a veces "reencarnar" casi inmediatamente tras la muerte, si no incluso en vida (!), en ciertos casos que se declara, felizmente, ser totalmente

Como se ve, este razonamiento es muy simple y perfectamente lógico, pero a condición de admitir primero su punto de partida, a saber la imposibilidad para el ser humano de existir en modalidades distintas a la forma corporal terrestre, lo que, repetimos, no es de ninguna manera conciliable con las nociones incluso elementales de la Metafísica; y ¡parece que ése es el argumento más sólido que se pueda proporcionar en apoyo de la hipótesis de la reencarnación!

No podemos, en efecto, tomar por un instante en serio los argumentos de orden moral y sentimental, basados sobre la comprobación de una pretendida injusticia en la desigualdad de las condiciones humanas. Esta comprobación proviene de que se consideran siempre hechos particulares, aislándolos del conjunto del que forman parte, mientras que, si se los recoloca en este conjunto, no podría haber evidentemente ninguna injusticia, o, por emplear un término a la vez más sensato y más extenso, ningún desequilibrio[121], puesto que esos hechos son, como todo el resto, elementos de la armonía total. Nos hemos además explicado suficientemente sobre esta cuestión, y hemos mostrado que el mal no tienen

---

excepcionales. Otra cuestión que da lugar a numerosas e interminables controversias es la de saber si un mismo individuo debe siempre necesariamente "reencarnarse" en el mismo sexo, o si la hipótesis contraria es posible; tendremos quizá alguna ocasión de volver sobre este punto.

[121] Véase L'Archéométre, año 2º, nº 1, p. 15, nota 3. — En el dominio social, lo que se llama la justicia no puede consistir, según una fórmula extremo-oriental, más que en compensar injusticias con otras injusticias, (concepción que no soporta la introducción de ideas "místico-morales" tales como las de mérito y demérito, de recompensa y de castigo, etc., como tampoco de la noción occidental del progreso moral y social); la suma de todas esas injusticias, que armonizándose y equilibrándose es, en su conjunto, la mayor justicia desde el punto de vista humano individual.

ninguna realidad, lo que así se llama no es más que una relatividad considerada analíticamente, y que, más allá de ese punto de vista especial de la mentalidad humana, la imperfección es necesariamente ilusoria, pues no puede existir más que como elemento de lo Perfecto, lo cual no podría evidentemente contener nada imperfecto[122].

Es fácil comprender que la diversidad de las condiciones humanas no proviene de otra cosa que de las diferencias de naturaleza que existen entre los individuos mismos, que ella es inherente a la naturaleza individual de los seres humanos terrestres, y que no es más injusta ni menos necesaria (siendo del mismo orden, aunque en otro grado) que la variedad de las especies animales y vegetales, contra la cual nadie ha soñado todavía en protestar en nombre de la justicia, lo que sería demás perfectamente ridículo[123]. Las condiciones especiales de cada individuo concurren a la perfección del ser total del cual ese individuo es una modalidad o un estado particular, y, en la totalidad del ser, todo está ligado y equilibrado por el encadenamiento armónico de las causas y de los efectos[124]; pero, cuando se habla de causalidad, cualquiera que posea la menor noción metafísica no puede entender por tal nada que se asemeje de cerca o de lejos a la

---

[122] Véase "Le Demiurge".

[123] Sobre esta cuestión de la diversidad de las condiciones humanas, considerada como el fundamento de la institución de las castas, véase L´Archéométre, año 2º, nº x.

[124] Esto supone la coexistencia de todos los elementos considerados fuera del tiempo, tanto como fuera de no importa que otra condición contingente de una cualquiera de las modalidades especializadas de la existencia; señalamos una vez más que esta coexistencia no deja evidentemente ningún lugar a la idea de progreso.

concepción místico-religiosa de las recompensas y de los castigos[125], que, tras haber sido aplicada a una "vida futura" más allá de lo terrestre, lo ha sido por los neo-espiritualistas a pretendidas "vidas sucesivas" sobre la Tierra, o al menos en el mundo físico[126].

Los espiritistas sobre todo han abusado más particularmente de esta concepción totalmente antropomorfista, y han sacado de ella unas concepciones que van frecuentemente hasta la absurdidad más extrema. Tal es el ejemplo bien conocido de la víctima que persigue hasta otra existencia su venganza contra quien la mató: el asesino se convertirá entonces en asesino a su vez, y el muerto, convertido en víctima, deberá vengarse aún en una nueva existencia... y así indefinidamente. Otro ejemplo del mismo género es el del cochero que aplasta a un peatón; como castigo, el cochero, convertido en peatón en su vida siguiente, será aplastado por el peatón convertido en cochero; pero, lógicamente, éste deberá a continuación sufrir el mismo castigo, de modo que esos dos desgraciados individuos estarán obligados a aplastarse así alternativamente el uno al otro hasta el fin de los siglos, pues no hay evidentemente

---

[125] A esta concepción de las sanciones religiosas se vincula la teoría muy occidental del sacrificio y de la expiación, de la cual habremos de demostrar la inanidad.

[126] Lo que los teosofistas denominan muy impropiamente Karma no es otra cosa que la ley de causalidad, por lo demás muy mal comprendida, y todavía peor aplicada; decimos que la comprenden mal, es decir, incompletamente, pues la restringen al dominio individual, en lugar de extenderla al conjunto indefinido de los estados del ser. En realidad, la palabra sánscrita Karma, derivando de la raíz verbal kri, "hacer" (idéntica al latín creare), significa simplemente «acción», y nada más; los Occidentales que han querido emplearla la han pues desviado de su acepción verdadera, que ellos ignoran, y han hecho lo mismo con gran número de otros términos orientales.

ninguna razón para que eso se detenga.

Debemos por lo demás, para ser imparcial, añadir que, en este punto, los ocultistas no quedan detrás de los espiritistas, pues hemos oído a uno de ellos contar la historia siguiente, como ejemplo de las consecuencias espantosas que pueden entrañar actos considerados generalmente como bastante indiferentes[127]: un escolar se divierte en romper una pluma, después la arroja; las moléculas del metal guardarán, a través de todas las transformaciones que hayan de sufrir, el recuerdo de la maldad de la cual ese niño ha dado prueba a su respecto; finalmente, tras algunos siglos, esas moléculas pasarán a los órganos de una máquina cualquiera, y, un día, un accidente se producirá, y un obrero morirá triturado por esta máquina; ahora bien, resultará que este obrero será el escolar del que se ha tratado, que se habrá reencarnado para sufrir el castigo de su acto anterior[128]. Sería sin duda difícil imaginar algo más extravagante que semejantes cuentos fantásticos, que bastan para dar una idea justa de la mentalidad de quienes los inventan, y sobre todo de quienes los creen.

Una concepción que se vincula bastante estrechamente con la de la reencarnación, y que cuenta también con

---

[127] Ni que decir tiene que las consecuencias puramente individuales (e imaginarias) de las que aquí se trata no tienen ninguna relación con la teoría metafísica, de la que hablaremos en otra parte, según la cual el gesto más elemental puede tener en lo Universal consecuencias ilimitadas, repercutiendo y amplificándose a través de la serie indefinida de los estados del ser, según la doble escala horizontal y vertical (véase Le Symbolisme de la Croix.)

[128] Hay ocultistas que llegan hasta pretender que las enfermedades congénitas son el resultado de accidentes ocurridos en "existencias anteriores".

numerosos partidarios entre los reencarnacionistas, es aquella según la cual cada ser debería, en el curso de su evolución, pasar sucesivamente por todas las formas de vida, terrestres u otras[129]. A eso, sólo hay una palabra que responder: tal teoría es una imposibilidad, por la simple razón de que existe una indefinidad de formas vivientes por las cuales un ser cualquiera no podrá jamás pasar, siendo esas formas todas aquellas que están ocupadas por todos los otros seres. Luego es absurdo el pretender que un ser, para llegar al término de su evolución, debe recorrer todas las posibilidades consideradas individualmente, puesto que este enunciado encierra una imposibilidad; y podemos ver aquí un caso enteramente particular de esta concepción enteramente falsa, tan extendida en Occidente, según la cual no se podría llegar a la síntesis por el análisis, mientras que, al contrario, es imposible llegar de esta manera[130]. Incluso cuando un ser hubiera recorrido así una indefinidad de posibilidades, toda esta evolución no podría nunca ser más que rigurosamente igual a cero con relación a la Perfección, pues lo indefinido, procediendo de lo finito y estando producido por él (como lo muestra claramente la generación de los números), luego estando ahí contenido en potencia, no es en suma más que el desarrollo de las potencialidades de lo finito, y, por consiguiente, no puede evidentemente tener ninguna relación

---

[129] Hablamos solamente de "formas de vida", porque hay que entender bien que quienes sostienen tal opinión no podrían concebir nada fuera de la vida (y de la vida en la forma), de suerte que, para ellos, esta expresión encierra todas las posibilidades, mientras que, para nosotros, no representa al contrario más que una posibilidad de manifestación muy especial.

[130] Véase "Le Démiurge".

con lo Infinito, lo que viene a ser como decir que, considerado desde lo Infinito o desde la Perfección, que es idéntica al Infinito), no puede ser más que cero. La concepción analítica de la evolución viene pues a añadir indefinidamente cero a sí mismo, por una indefinidad de adiciones distintas y sucesivas, cuyo resultado final será siempre cero[131]; no se puede salir de esta serie estéril de operaciones analíticas más que por la integración, y ésta se efectúa de un solo golpe, por una síntesis inmediata y trascendente, que no está lógicamente precedida por ningún análisis[132].

Por otra parte, puesto que, como hemos explicado en diversas ocasiones, el mundo físico entero, en el despliegue integral de todas las posibilidades que contiene, no es más que el dominio de manifestación de un solo estado de ser individual, ese mismo estado ser contiene en él, a fortiori, las potencialidades correspondientes a todas las modalidades de la vida terrestre, que no es sino una porción muy restringida del mundo físico. Luego, si el desarrollo completo de la individualidad actual, que se extiende indefinidamente más allá de la individualidad corporal, abraza todas las

---

[131] Lo que es cierto, de manera general, de lo indefinido considerado con relación (o más bien con ausencia de relación) al Infinito, permanece verdadero para cada aspecto particular de lo indefinido, o, si se quiere, para la indefinidad particular que corresponde al desarrollo de cada posibilidad considerada aisladamente; luego esto es cierto, especialmente, para la inmortalidad (extensión indefinida de la posibilidad vida), que, en consecuencia, no puede ser más que cero con relación a la Eternidad; tendremos por lo demás ocasión para explicarnos más ampliamente sobre este punto (véase también "A propos du Grand Architecte de l'Univers", en Etudes sur la Franc-Maçonnerie, t. II, p. 273.

[132] Para más detalles sobre la representación matemática del ser por una doble integración realizando el volumen universal, véase nuestro estudio sobre Le Symbolisme de la Croix.

potencialidades cuyas manifestaciones constituyen el conjunto del mundo físico, abraza en particular todas aquellas que corresponden a las diversas modalidades de la vida terrestre. Esto vuelve pues inútil la suposición de una multiplicidad de existencias a través de las cuales el ser se elevaría progresivamente desde la modalidad de vida más inferior, la del mineral, hasta la modalidad humana, considerada como la más elevada, pasando sucesivamente por el vegetal y el animal, con toda la multiplicidad de grados que comporta cada uno de esos reinos. El individuo, en su extensión integral, contiene simultáneamente las posibilidades que corresponden a todos esos grados; esta simultaneidad no se traduce en sucesión temporal más que en el desarrollo de su única modalidad corporal, en el curso del cual, como lo muestra la embriología, pasa en efecto por todos los estadios correspondientes, desde la forma unicelular de los seres organizados más elementales e incluso, remontando aún más alto, desde el cristal (que presenta por otro lado más de una analogía con los seres rudimentarios)[133], hasta la forma humana terrestre. Pero, para nosotros, esas consideraciones no son en absoluto una prueba de la teoría "transformista", pues no podemos considerar más que como una pura hipótesis la pretendida ley según la cual "la ontogenia será paralela a la filogenia"; en efecto, si el

---

[133] Especialmente en lo que concierne al modo de crecimiento; lo mismo para la reproducción por bipartición o gemiparidad. –Sobre esta cuestión de la vida de los cristales, véase en particular los notables trabajos del profesor J. C. Bose de Calcuta, que han inspirado (por no decir más), los de los diversos sabios europeos.

desarrollo del individuo, u ontogénico, es comprobable por la observación directa, nadie osaría pretender que pudiese ocurrir lo mismo para el desarrollo de la especie, o "filogénico"[134]. Por otra parte, incluso en el sentido restringido que acabamos de indicar, el punto de vista de la sucesión pierde casi todo su interés por la simple observación de que el germen, antes de todo desarrollo, contiene ya en potencia el ser completo; y este punto de vista debe siempre permanecer subordinado al de la simultaneidad, al cual nos conduce necesariamente la teoría metafísica de los estados múltiples del ser.

Luego, dejando de lado la consideración esencialmente relativa del desarrollo embriogénico de la modalidad corporal (consideración que no puede ser para nosotros más que la indicación de una analogía con relación a la individualidad integral), no puede ser cuestión, en razón de la existencia simultánea, en el individuo, de la indefinidad de las modalidades vitales, o, lo que viene a ser lo mismo, de las posibilidades correspondientes, no puede, decimos, ser cuestión más que de una sucesión puramente lógica (y no temporal), es decir, una jerarquización de esas modalidades o de esas posibilidades en la extensión del estado de ser individual, en el cual no se realizan corporalmente. A este respecto, y para mostrar que esas concepciones no nos son

---

[134] Hemos ya expuesto la razón por la cual la cuestión puramente científica del "transformismo" no presenta ningún interés para la Metafísica (véase "Conceptions scientifiques et Idéal maçonnique", en Etudes sur la Franc-Maçonnerie, t. II, p. 288.

particulares, hemos pensado que sería interesante reproducir algunos extractos del capítulo dedicado a esta cuestión en los cuadernos de enseñanza de una de las raras Fraternidades iniciáticas serias que existen todavía actualmente en Occidente[135]:

«En el descenso de la vida a las condiciones exteriores, la mónada ha debido atravesar cada uno de los estados del mundo espiritual, después los reinos del imperio astral[136], para aparecer en fin sobre el plano externo, aquel más bajo posible, es decir, el mineral. A partir de ahí, vemos penetrar sucesivamente las olas de la vida mineral, vegetal y animal del planeta. En virtud de las leyes superiores y más interiores de su ciclo especial, sus atributos divinos buscan siempre desarrollarse en sus potencialidades aprisionadas. En cuanto una forma está provista, y sus capacidades agotadas[137], otra forma nueva y de grado más elevado es requerida; así, cada una deviene cada vez de estructura más compleja, cada vez más diversificada en sus funciones. Es así como vemos a la mónada viviente comenzar en el mineral, en el mundo exterior, después a la gran espiral de su existencia

---

[135] No nos demoraremos en señalar las calumnias absurdas y las historietas más o menos ineptas que gentes mal informadas o mal intencionadas han extendido a placer sobre esta Fraternidad, que es designada por las siglas H. B. of L.; pero creemos sin embargo necesario advertir que es extraña a todo movimiento ocultista, bien que algunos hayan juzgado bueno apropiarse de algunas de sus enseñanzas, desnaturalizándolas por lo demás completamente para adaptarlas a sus propias concepciones.

[136] Es decir, los diversos estados de la manifestación sutil, repartidos según su correspondencia con los elementos.

[137] Es decir, que ha desarrollado completamente toda la serie de las modificaciones de las que es susceptible.

evolucionaría avanzar lentamente, imperceptiblemente, pero sin embargo progresar siempre[138]. No hay forma demasiado simple ni organismo demasiado complejo para la facultad de adaptación de una potencia maravillosa, inconcebible, que posee el alma humana. Y, a través del ciclo entero de la Necesidad, el carácter de su genio, el grado de su emanación espiritual, y los estados a los cuales pertenece en el origen, son conservados estrictamente, con una exactitud matemática[139]»

«Durante el curso de su involución, la mónada no está realmente encarnada en ninguna forma, cualquiera que sea. El curso de su descenso a través de los diversos reinos se cumple por una polarización gradual de sus poderes divinos, debida a su contacto con las condiciones de externización gradual del arco descendente y subjetivo del ciclo espiral.»

«Es una verdad absoluta que expresa el adepto autor de Ghost-Land, cuando dice que, en tanto que ser impersonal, el hombre vive en una indefinidad de mundos antes de llegar a éste. En todos esos mundos, el alma desarrolla sus estados rudimentarios, hasta que su progreso cíclico la torna capaz de alcanzar[140] el estado especial cuya función gloriosa es conferir a esta alma la consciencia. Sólo en ese momento ella deviene verdaderamente un hombre; en todo otro instante de su viaje cósmico, no es más que un ser embrionario, una forma

---

[138] Esto desde el punto de vista exterior, entiéndase bien.
[139] Lo que implica la coexistencia de todas las modalidades vitales.
[140] Por la extensión gradual de ese desarrollo hasta que hay alcanzado una zona determinada, correspondiente al estado especial que se considera aquí.

pasajera, una criatura impersonal, en la cual brilla una parte, pero una parte solamente del alma humana no individualizada.»

«Cuando el gran escalón de consciencia, cumbre de la serie de las manifestaciones materiales, es alcanzada, jamás el alma retornará a la matriz de la materia, no sufrirá la encarnación material, en adelante, sus renacimientos son en el reino del espíritu. Los que sostienen la doctrina extrañamente ilógica de la multiplicidad de los nacimientos humanos, no han sin duda desarrollado en ellos mismos el estado lúcido de Consciencia espiritual; si no, la teoría de la reencarnación, afirmada y sostenida hoy por un gran número de hombres y de mujeres versados en la "sabiduría mundana", no tendría el menor crédito. Una educación exterior carece relativamente de valor como medio de obtener el Conocimiento verdadero.»

No se encuentra en la naturaleza ninguna analogía a favor de la reencarnación, mientras que se encuentran numerosas en sentido contrario. «La bellota se convierte en encina, la nuez de coco deviene cocotero; pero la encina puede dar miríadas de otras bellotas, nunca convertirse ella misma en bellota; ni el cocotero deviene nuez. Lo mismo para el hombre: desde que el alma se ha manifestado sobre el plano humano y ha alcanzado así la consciencia de la vida exterior, no pasa ya nunca de nuevo por ninguno de sus estados rudimentarios.»

«Una publicación reciente afirma que "los que han llevado la vida noble y digna de un rey, (aunque fuese en el cuerpo de un mendigo), en su última existencia terrestre, revivirán como nobles, reyes, u otros personajes de alto rango". Pero sabemos que los reyes y los nobles han sido en el pasado y son en el presente, frecuentemente los peores especímenes de la humanidad que sea posible concebir, desde el punto de vista espiritual. Tales aserciones no son buenas más que para probar que sus autores no hablan más que bajo la inspiración de la sentimentalidad, y que les falta el Conocimiento.»

«Todos los pretendidos "despertares de recuerdos" latentes por los cuales ciertas personas aseguran recordar sus existencias pasadas, pueden explicarse, e incluso sólo pueden explicarse, por las simples leyes de la afinidad y de la forma. Cada raza de seres humanos, considerado en sí-misma, es inmortal; lo mismo pasa con cada ciclo: jamás el primer ciclo deviene el segundo, pero los seres del primer ciclo son (espiritualmente) los padres, o los generadores, de los del segundo ciclo[141]. Así, cada ciclo comprende una gran familia constituida por la reunión de diversos grupos de almas humanas, cada condición estando determinada por las leyes de su actividad, las de su forma y las de su afinidad: una trinidad de leyes.»

---

[141] Es por lo que la tradición hindú da el nombre de Pitris (padres o ancestros) a los seres del ciclo que precede al nuestro, y que está representado, con relación a este, como correspondiendo a la Esfera de la Luna; los Pitris forman la humanidad terrestre a su imagen, y esta humanidad actual juega a su vez el mismo papel con relación a la del ciclo siguiente. Esta relación causal de un ciclo al otro presupone necesariamente la coexistencia de todos los ciclos, que no son sucesivos más que desde el punto de vista de su encadenamiento lógico; si fuera de otra forma, tal relación no podría existir (véase L´Homme et son devenir selon le Vêdânta).

«Es así como el hombre puede ser comparado a la bellota y a la encina: el alma embrionaria, no individualizada, deviene un hombre así como la bellota se convierte en una encina, y, del mismo modo que la encina da nacimiento a una cantidad innumerable de bellotas, el hombre proporciona a su vez a una indefinidad de almas los medios para tomar nacimiento en el mundo espiritual. Hay correspondencia completa entre los dos, y por esta razón los antiguos Druidas rendían tan grandes honores a este árbol, que era honrado más allá de todos los demás por los poderosos Hierofantes.» Se ve así cuán lejos estaban los Druidas de admitir la "transmigración" en el sentido ordinario y material de la palabra, y cuán poco pensaban en la teoría, que, repetimos, es totalmente moderna, de la reencarnación.

Hemos visto recientemente, en una revista espiritista extranjera un artículo cuyo autor criticaba, con razón, la idea ridícula de los que, anunciando para un tiempo próximo la "segunda venida" de Cristo, la presentan como debiendo ser una reencarnación[142]. Pero la cosa se pone más divertida cuando ese mismo autor declara que, si no puede admitir esta tesis, es muy simplemente porque, según él, el retorno de Cristo es ahora un hecho cumplido... ¡por el espiritismo! «Ha venido ya, dice él, puesto que, en ciertos centros, se registran

---

[142] Esta extravagante opinión, que ha encontrado en particular, desde hace algunos años, mucho crédito entre los teosofistas, apenas es más absurda, después de todo, que la de la gente que sostiene que san Juan Bautista fue una reencarnación del profeta Elías; por otro lado, diremos algunas palabras a continuación, con respecto a los diversos textos de los Evangelios que algunos se han esforzado por interpretar a favor de la teoría reencarnacionista.

sus comunicaciones.» Verdaderamente, ¡hay que tener una fe
bien robusta para poder creer así que el Cristo y sus Apóstoles
se manifiestan en sesiones espiritistas y hablan por el órgano
de los médiums! Si hay gentes para las que una creencia es
necesaria (y parece que sea el caso de la inmensa mayoría de
los Occidentales), no dudamos en afirmar cuán preferimos
incluso la del católico menos iluminado, o incluso la fe del
materialista sincero, pues ésta también lo es[143].

Como ya lo hemos dicho, consideramos al neo-
espiritualismo, en la forma que sea, como absolutamente
incapaz de reemplazar las antiguas religiones en su papel
social y moral, y sin embargo tal es el fin que se propone, de
una manera más o menos confesada. Hemos hecho alusión
precedentemente, en particular, a las pretensiones de sus
promotores, en lo que concierne a la enseñanza; acabamos de
leer un discurso pronunciado sobre el asunto por uno de ellos.
Como quiera que se diga, encontramos muy poco
«equilibrado» el «espiritualismo liberal» de esos «aviadores
del espíritu» (?!), que viendo en la atmósfera «dos colosales
nimbos cargados hasta la cola (sic) de electricidades
contrarias», se preguntan «cómo evitar series de relámpagos,
gamas de truenos (sic), caídas de rayos», y que, a pesar de tales
presagios amenazantes quieren «afrontar la libertad de
enseñanza» como otros han «afrontado las libertades del
espacio». Ellos admiten sin embargo que «la enseñanza de la

---

[143] Véase a este respecto "A propos du Grand Architecte de l'Univers", en Etudes sur la Franc-
Maçonnerie, t. II.

escuela debe permanecer neutra», pero a condición que esta
«neutralidad» desemboque en conclusiones «espiritualistas»;
nos parece que esa no sería más que una neutralidad aparente,
no real, y cualquiera con el menor sentido de la lógica no
puede apenas pensar de otro modo al respecto; pero para
ellos, al contrario, ¡eso es la «neutralidad profunda»! el
espíritu de sistema y las ideas preconcebidas conducen a veces
a extrañas contradicciones, y esto es un ejemplo que tenemos
que señalar[144]. En cuanto a nosotros, que estamos lejos de
pretender una acción social cualquiera, es evidente que esta
cuestión de la enseñanza, así planteada, no puede interesarnos
de ningún modo. El único método que tendría un valor real
sería el de la «instrucción integral[145]»; y desgraciadamente,
dada la mentalidad actual, se está lejos, sin duda para mucho
tiempo aún, de poder intentar la menor aplicación en
Occidente, y particularmente en Francia, donde el espíritu
protestante, caro a ciertos «espiritualistas liberales», reina
como dueño absoluto en todos los grados y todas las ramas
de la enseñanza.

El autor del discurso en cuestión (no queremos nombrarlo
aquí, para no herir su... modestia) ha creído bueno
recientemente, en una circunstancia que importa poco
especificar, reprocharnos no haber dicho que no tenemos

---

[144] Podríamos recordar a este propósito, en otro orden de ideas, la actitud de ciertos doctos, que rechazan admitir hechos debidamente comprobados, simplemente porque sus teorías no permiten dar de ellos una explicación satisfactoria.

[145] Véase la obra publicada con el título L'instruction intégrale, por nuestro eminente colaborador F.-Ch. Barlet.

«absolutamente nada en común con él (como tampoco por lo demás con los restantes neo-espiritualistas de toda secta y de toda escuela), y él objetaba que ello debía conducirnos a «rechazar la fraternidad, la virtud, a negar a Dios, la inmortalidad del alma y al Cristo», ¡muchas cosas pasaderamente disparatadas! Aunque nos prohibimos formalmente toda polémica en esta Revista, pensamos que no es inútil reproducir aquí nuestra respuesta a esas objeciones para una más completa edificación de nuestros lectores, y para marcar mejor y más precisamente (a riesgo de repetirnos un poco) ciertas diferencias profundas sobre las cuales nunca insistiremos demasiado.

Primero, como quiera que pueda decir M. X., su Dios no es ciertamente el nuestro, pues él cree evidentemente, como además todos los Occidentales modernos, en un Dios "personal" (por no decir individual) y un poco antropomorfo, el cual, en efecto, "nada tiene en común" con el Infinito metafísico[146].

Diremos otro tanto de su concepción de Cristo, es decir, de un Mesías único, que sería una "encarnación" de la Divinidad; reconocemos, al contrario, una pluralidad (e incluso una indefinidad) de manifestaciones divinas, pero que no son de ninguna manera "encarnaciones", pues importa ante todo mantener la pureza del Monoteísmo, que no podría

---

[146] Por lo demás, la misma palabra Dios está tan ligada a la concepción antropomórfica, ha devenido tan incapaz de corresponder a otra cosa, que preferimos evitar su empleo lo más posible, aunque no fuera más que para marcar mejor el abismo que separa la Metafísica de las religiones.

concordar con semejante teoría.

«En cuanto a la concepción individualista de la inmortalidad el alma, es mucho más simple todavía, y M. X... se ha singularmente equivocado si ha creído que dudaríamos en declarar que la rechazamos completamente, tanto bajo la forma de una futura vida extra-terrestre como bajo aquella, sin duda mucho más ridícula, de la demasiado famosa teoría de la "reencarnación"

Las cuestiones de "preexistencia" y de "post-existencia" no se plantean evidentemente para cualquiera que considere todas las cosas fuera del tiempo; por otra parte, la "inmortalidad" no puede ser más que una extensión indefinida de la vida, y nunca será sino rigurosamente igual a cero frente a la Eternidad[147], lo único que nos interesa, y que está más allá de la vida, tanto como del tiempo y todas las otras condiciones limitativas de la existencia individual. Sabemos muy bien que los Occidentales se atienen por encima de todo a su "yo"; pero ¿qué valor puede tener una tendencia puramente sentimental como ésa? ¡Tanto peor para los que prefieren ilusorias consolaciones a la Verdad!

«En fin, la "fraternidad" y la "virtud" no son manifiestamente otra cosa que simples nociones morales; y la moral, que es totalmente relativa, y que no concierne más que al dominio muy especial y restringido de la "acción social"[148],

---

[147] Véase nota anterior.

[148] Sobre esta cuestión de la moral, véase "Conceptions scientifiques et Idéal maçonnique", obra

no tiene absolutamente nada que ver con la Gnosis, que es exclusivamente metafísica. Y no pensamos que sea demasiado "arriesgarnos", como dice M. X...., afirmando que éste ignora todo de la Metafísica; dicho sea, por lo demás, sin hacerle el menor reproche por ello, pues está incontestablemente permitido el ignorar lo que no ha tenido jamás ocasión de estudiar: ¡nadie está obligado a lo imposible!»

Hemos dicho precedentemente, pero sin insistir en ello, que existen gentes, espiritistas, u otros, que se esfuerzan en probar «experimentalmente» la tesis reencarnacionista[149]; semejante pretensión debe parecer tan inverosímil a toda persona dotada simplemente del más vulgar buen sentido, que se estaría tentado, a priori, de suponer que ello no puede tratarse más que de alguna broma pesada; pero parece no obstante que no es nada de eso. He aquí, en efecto, que un experimentador reputado como serio, que ha adquirido cierta consideración científica por sus trabajos sobre el "psiquismo"[150], pero que, desgraciadamente para él, parece haberse poco a poco convertido casi enteramente a las teorías espiritistas (ocurre bastante frecuentemente que los eruditos

---

citada.

[149] Véase L'Erreur spirite, capítulo sobre la Reencarnación.

[150] A falta de un término menos imperfecto, conservamos el de "psiquismo", por vago e impreciso que sea, para designar un conjunto de estudios cuyo objeto mismo, por lo demás, apenas está mejor definido; alguno (el Dr. Richet, creemos) ha tenido la idea desgraciada de sustituir esta palabra por la de "metapsíquica", que tiene el inmenso inconveniente de hacer pensar en algo más o menos análogo o paralelo a la Metafísica (y, en ese caso, no vemos demasiado lo que podría ser, si no es la Metafísica misma con otro nombre), mientras que, muy al contrario, se trata de una ciencia experimental, con métodos calcados tan exactamente como es posible, sobre las de las ciencias físicas.

no están exentos de cierta... ingenuidad)[151], ha publicado muy recientemente una obra conteniendo la exposición de sus investigaciones sobre las pretendidas "vidas sucesivas" por medio de los fenómenos de "regresión de la memoria" que ha creído comprobar en ciertos sujetos hipnóticos o magnéticos[152].

Decimos: lo que él ha creído comprobar, pues, si no podemos de ninguna manera poner en duda su buena fe, pensamos al menos que los hechos que así interpreta, en virtud de una hipótesis preconcebida, se explican en realidad de una manera muy distinta y mucho más simple. En suma, esos hechos se resumen en esto: el sujeto, estando en un determinado estado, puede ser resituado mentalmente en las condiciones en que se encontraba en una época pasada, y ser "situado" así en una edad cualquiera, de la que habla entonces como del presente, de donde se concluye que, en ese caso, no hay "recuerdo" sino "regresión de la memoria". Esto es además una contradicción en los términos, pues no puede evidentemente ser cuestión de memoria, allá donde no hay recuerdo; pero, aparte esta observación, hay que preguntarse

---

[151] El caso al cual hacemos alusión no es aislado, y hay otros muy semejantes, de los que varios son incluso muy conocidos; hemos citado en otra parte los de Crookes, de Lombroso, del Dr. Richet y de M. Camille Flammarion ("A propos du Grand Architecte de l'Univers") y habríamos podido añadir el de Williams James y varios otros aún; todo ello prueba simplemente que un docto analista, cualquiera que sea su valor como tal, y cualquiera que sea también su dominio especial, no por ello es forzosamente, fuera de ese mismo dominio, notablemente superior a la gran masa del público ignorante y crédulo que proporciona la mayor parte de la clientela espirito-ocultista.

[152] No buscaremos aquí hasta qué punto es posible diferenciar claramente el hipnotismo y el magnetismo; podría ser que esta distinción fuese más verbal que real y, en todo caso, no tiene ninguna importancia en cuanto a la cuestión que nos ocupa presentemente.

ante todo si la posibilidad del recuerdo puro y simple está verdaderamente excluida por la sola razón de que el sujeto hable del pasado como si se le hubiera vuelto presente.

A ello, se puede responder inmediatamente que los recuerdos, en tanto que tales, están siempre mentalmente presentes[153]; lo que para nuestra consciencia actual, los caracteriza efectivamente como recuerdos de eventos pasados, es su comparación con nuestras percepciones presentes (entendemos presentes en tanto que percepciones), única comparación que permite distinguir los unos de las otras estableciendo una relación (temporal, es decir, de sucesión) entre los eventos exteriores[154] de los cuales son para nosotros las traducciones mentales respectivas. Si esta comparación se hiciera imposible por una razón cualquiera (sea por la supresión momentánea de toda impresión exterior, sea de otra manera), el recuerdo, no estando ya localizado en el tiempo con relación a otros elementos psicológicos actualmente diferentes, pierde su carácter representativo del pasado, para no conservar más que su cualidad actual de presente. Ahora bien, es precisamente eso lo que se produce en los casos de los que hablamos: el estado en el cual está

---

[153] Que esos recuerdos se encuentren además actualmente en el campo de la consciencia clara y distinta o en el de la "subconsciencia" (admitiendo ese término en su sentido totalmente general), poco importa puesto que, normalmente, siempre han tenido la posibilidad de pasar de una a otra, lo que muestra que no se trata más que de una diferencia de grado, y nada más.

[154] Exteriores con relación al punto e vista de nuestra consciencia individual, bien entendido; por otra parte, esta distinción del recuerdo y de la percepción no viene más que de la psicología más elemental, y, por otra parte, es independiente de la cuestión del modo de percepción de los objetos enfocados como exteriores, o sobre todo de sus cualidades sensibles.

emplazado el sujeto corresponde a una modificación de su consciencia actual, implicando una extensión, en cierto sentido, de sus facultades individuales en detrimento momentáneo del desarrollo en otro sentido al que sus facultades poseen en el estado normal. Luego, si, en tal estado, se impide al sujeto estar afectado por las percepciones del presente, y si, además, se descartan al mismo tiempo de su consciencia todos los acontecimientos posteriores a un momento determinado (condiciones que son perfectamente realizables con ayuda de la sugestión), cuando los recuerdos relacionados con ese mismo momento se presentan distintamente a esta consciencia así modificada en cuanto a su extensión (que es entonces para el sujeto la consciencia actual), ellos no pueden de ningún modo estar situados en el pasado o considerados bajo este aspecto, puesto que no hay en acto en el campo de la consciencia ningún elemento con el cual pudiesen ser puestos en una relación de anterioridad temporal.

En todo ello, no se trata sino de un estado mental implicando una modificación de la concepción del tiempo (o mejor de su aprehensión) con relación al estado normal; y, por otra parte, esos dos estados no son ambos más que dos modalidades diferentes de una misma individualidad[155]. En efecto, no puede ser cuestión aquí de estados superiores y

---

[155] Es lo mismo de los estados (espontáneos o provocados) que corresponden a todas las alteraciones de la consciencia individual, de las cuales las más importantes están ordinariamente colocadas bajo la denominación impropia y defectuosa de "desdoblamiento de la personalidad".

extra-individuales, en los cuales el ser estaría liberado de la condición temporal, ni incluso de una extensión de la individualidad que implique esa misma liberación parcial, puesto que se emplaza al contrario al sujeto en un instante determinado, lo que supone esencialmente que su estado actual está condicionado por el tiempo. Además, por una parte, estados como aquellos a los cuales acabamos de aludir no pueden evidentemente ser alcanzados por medios que son enteramente del dominio de la individualidad actual y restringida, como lo es necesariamente todo procedimiento experimental; y, por otra parte, incluso si fueran alcanzados de la manera que fuere, no podrían de ningún modo hacerse sensibles para esta individualidad, cuyas condiciones particulares de existencia no tienen ningún punto de contacto con las de los estados superiores del ser, y que, en tanto que individualidad especial, es forzosamente incapaz de sentir, y con mayor razón de expresar, todo lo que está más allá de los límites de sus propias posibilidades[156].

En cuanto a retornar efectivamente al pasado, es una cosa que, como decimos en otra parte, es manifiestamente tan imposible al individuo humano como transponerse al porvenir[157]; y no habríamos nunca pensado que la «máquina

---

[156] Por lo demás, en todos los casos de los que hablamos, no se trata más que de eventos físicos, e incluso lo más frecuentemente terrestres (aunque tal otro experimentador conocido haya publicado antaño un relato detallado de las pretendidas "encarnaciones anteriores" de su sujeto sobre el planeta Marte, sin quedar sorprendido de que todo lo que pasa sobre éste ¡sea tan fácilmente traducible al lenguaje terrestre! Nada hay allá que exija en absoluto la intervención de estados superiores del ser, que además, entiéndase bien, los "psíquicos" ni sospechan incluso.

[157] Véase para esto, así como para lo que sigue, nuestro estudio sobre "Les conditions de l´existence

del tiempo» de Wells pudiese ser considerada de otra forma que como una concepción de pura fantasía, ni que se llegase hasta a hablar seriamente de la «reversibilidad del tiempo». El espacio es reversible, es decir, que una cualquiera de sus partes, habiendo sido recorrida en cierto sentido, puede serlo a continuación en sentido inverso, y ello porque es una coordinación de elementos considerados en modo simultáneo y permanente; pero el tiempo, siendo al contrario una coordinación de elementos considerados en modo sucesivo y transitorio, no puede ser reversible, pues tal suposición sería la negación misma del punto de vista de la sucesión, o, en otros términos, vendría precisamente a suprimir la condición temporal[158]. No obstante, ha habido gentes que han concebido esta idea por lo menos singular de la «reversibilidad del tiempo», y que han pretendido apoyarla sobre «teorema de mecánica» (?) del cual creemos interesante reproducir íntegramente el enunciado, a fin de mostrar más claramente el origen de su fantástica hipótesis.

«Conociendo la serie compleja de todos los estados sucesivos de un sistema de cuerpos, y esos estados siguiéndose y engendrándose en un orden determinado, al pasado que desempeña función de causa, al porvenir que tiene el rango

---

corporelle".

[158] Esta supresión de la concepción temporal es por lo demás posible, pero no en los casos que consideramos aquí, puesto que esos casos suponen siempre el tiempo; y, hablando además de la concepción del "eterno presente", hemos tenido buen cuidado en señalar que no puede tener nada en común con un retorno al pasado o un transporte al porvenir, puesto que suprime precisamente le pasado y el porvenir, liberándonos del punto de vista de la sucesión, es decir, de lo que consuma para nuestro ser actual toda la realidad de la condición temporal.

de efecto (sic), consideremos uno de esos estados sucesivos, y, sin cambiar nada en las masas componentes, ni en las fuerzas que actúan entre esas masas[159], ni en las leyes de esas fuerzas, como tampoco en las situaciones actuales de las masas en el espacio, reemplacemos cada velocidad por una velocidad igual y contraria[160]. Llamaremos a eso "revertir" todas las velocidades; ese cambio mismo tomará el nombre de reversión, y llamaremos a su posibilidad, reversibilidad del movimiento del sistema.»

Detengámonos un instante aquí, pues es justamente esta posibilidad la que no podríamos admitir, desde el punto de vista mismo del movimiento, que se efectúa necesariamente en el tiempo: el sistema considerado retomará en sentido inverso, en una nueva serie de estados sucesivos, las situaciones que había precedentemente ocupado en el espacio, pero el mismo tiempo no retornará por ello jamás, y basta evidentemente que está sola condición sea cambiada para que los nuevos estados del sistema no pueden de ningún modo identificarse a los precedentes. Por otra parte, en el razonamiento que citamos, se supone explícitamente (aunque en un francés contestable) que la relación del pasado al porvenir es una relación de causa a efecto, mientras que la relación causal, al contrario, implica esencialmente la

---

[159] "Sobre esas masas" habría sido más comprensible.

[160] Una velocidad contraria a otra, o bien de dirección diferente, no puede serle igual en el sentido riguroso de la palabra; puede solamente serle equivalente en cantidad; y, por otro lado, ¿es posible considerar esta "reversión" como no cambiando en nada las leyes del movimiento considerado, dado que, si esas leyes se hubiesen seguido continuando normalmente, no se habría producido?

simultaneidad, de donde resulta que estados considerados como continuándose no pueden, desde este punto de vista, engendrarse unos a otros[161]; pero seguimos.

«Ahora bien, cuando se haya operado[162] la reversión de las velocidades de un sistema de cuerpos, se tratará de encontrar, para ese sistema así revertido, la serie completa de sus estados futuros y pasados: esta búsqueda ¿será más o menos difícil que el problema correspondiente para los estados sucesivos del mismo sistema no revertido? Ni más ni menos[163], y la solución de uno de esos problemas dará la del otro por un cambio muy simple, consistente, en términos técnicos, en cambiar el signo algebraico del tiempo, escribiendo − t en lugar de + t' y recíprocamente.

En efecto, es muy simple en teoría, pero, a falta de percatarse de que la notación de los «números negativos» no es más que un procedimiento totalmente artificial de simplificación de los cálculos y no corresponde a ningún tipo de realidad[164], el autor de ese razonamiento cae en un grave

---

[161] Véase L´Homme et son devenir selon le Vêdânta. —Por consiguiente, si el recuerdo de una impresión cualquiera puede ser causa de otros fenómenos mentales, cualesquiera que sean, es en tanto que recuerdo presente, pero la impresión pasada no puede actualmente ser causa de nada.

[162] El autor del razonamiento ha tenido la prudencia de añadir aquí entre paréntesis: "no en la realidad, sino en el pensamiento puro"; así, él sale enteramente del dominio de la mecánica, y eso de lo que habla no tiene ya ninguna relación con "un sistema de cuerpos"; pero, hay que retener que considera él mismo la pretendida reversión como irrealizable, contrariamente a la hipótesis de los que han querido aplicar ese razonamiento a la "regresión de la memoria".

[163] Evidentemente, puesto que, en uno y otro caso, se trata de estudiar un movimiento del cual todos los elementos son dados; pero, para que este estudio corresponda a alguna cosa real o incluso posible, ¡no habría que engañarse por un simple juego de notación!

[164] Sobre esta notación y sus inconvenientes, particularmente desde el punto de vista de la mecánica, véase "Remarques sur la Notation mathématique".

error, que es además común a casi todos los matemáticos, y, para interpretar el cambio de signo que acaba de indicar, añade también: «Es decir, que las dos series completas de estados sucesivos del mismo sistema de cuerpos diferirán solamente en que el porvenir se convertirá en pasado, y el pasado en futuro[165]. Será la misma serie de estados sucesivos recorrida en sentido inverso. La reversión de las velocidades revierte simplemente el tiempo; la serie primitiva de los estados sucesivos y la serie revertida tienen, en todos los instantes correspondientes, las mismas figuras del sistema con las mismas velocidades iguales y contrarias (sic).»

Desgraciadamente, en realidad, la reversión de las velocidades revierte simplemente las situaciones espaciales, y no el tiempo; en lugar de ser «la misma serie de estados sucesivos recorrida en sentido inverso», será una segunda serie inversamente homóloga de la primera, en cuanto al espacio solamente; el pasado no por ello se convertirá en futuro, y el porvenir no devendrá pasado más que en virtud de la ley natural y normal de la sucesión, así como se produce a cada instante. Es verdaderamente demasiado fácil mostrar los sofismas inconscientes y múltiples que se ocultan en semejantes argumentos; y he aquí sin embargo todo lo que se nos presenta para justificar, «ante la ciencia y la filosofía», ¡una teoría como la de las pretendidas regresiones de la

---

[165] He ahí ciertamente una singular fantasmagoría, y hay que reconocer que una operación tan vulgar como un simple cambio de signo algebraico está dotada de una potencia muy extraña y verdaderamente maravillosa... ¡a los ojos de los matemáticos!

memoria»!

Dicho esto, debemos aún, para completar la explicación psicológica que hemos indicado al principio, hacer observar que el pretendido «retorno al pasado», es decir, en realidad, muy simplemente, la llamada a la consciencia clara y distinta de recuerdos conservados en estado latente en la memoria subconsciente del sujeto, es fácil, por otra parte, desde el punto de vista fisiológico, por el hecho de que toda impresión deja necesariamente una huella sobre el organismo que la ha experimentado. No tenemos que buscar aquí de qué manera esta impresión puede ser registrada por ciertos centros nerviosos, ese es un estudio que corresponde a la ciencia experimental pura y simple, y, por lo demás, ésta ha ya llegado a «localizar» casi exactamente, los centros correspondientes a las diferentes modalidades de la memoria[166]. La acción ejercida sobre esos centros, ayudada además por un factor psicológico que es la sugestión, permite emplazar al sujeto en las condiciones requeridas para realizar las experiencias de las que hemos hablado, al menos en cuanto a su primera parte, la que se relaciona con los eventos en los cuales ha tomado parte realmente o asistido en una época más o menos alejada[167].

---

[166] Esta "localización" se hace posible sobre todo por la observación de los diferentes casos de "paramnesia" (alteraciones parciales de la memoria); y podemos añadir que el tipo de fraccionamiento de la memoria que se comprueba en esos casos permite explicar una buena parte de los sedicentes "desdoblamientos de la personalidad", a los cuales hemos aludido anteriormente.

[167] Se podría igualmente hablar, por singular que ello pueda parecer a primera vista, de una correspondencia, tanto fisiológica como psicológica, de los acontecimientos aún no realizados, pero de los cuales el individuo porta en sí las virtualidades; esas virtualidades se traducen por

Pero, entiéndase bien, la correspondencia fisiológica que acabamos de señalar no es posible más que para las impresiones que han realmente afectado al organismo del sujeto; e igualmente, desde el punto de vista psicológico, la consciencia individual de un ser cualquiera no puede evidentemente contener más que elementos que tengan alguna relación con la individualidad actual de este ser. Esto debería bastar para mostrar que es inútil proseguir las búsquedas experimentales más allá de ciertos límites, es decir, en el caso actual, anteriormente al nacimiento del sujeto, o al menos al principio de su vida embrionaria; es sin embargo lo que se pretende hacer, apoyándose, como hemos dicho, sobre la hipótesis preconcebida de la reencarnación, y se ha creído poder «hacer revivir» así a ese sujeto «sus vidas anteriores» incluso estudiando igualmente, en el intervalo, ¡«lo que pasa para el espíritu no encarnado» !

Aquí, estamos en plena fantasía: ¿cómo se puede hablar de las «anterioridades del ser viviente», cuando se trata del tiempo donde ese ser viviente no existía todavía en estado individualizado, y querer llevarlo más allá de su origen, es decir, en condiciones en las cuales jamás se ha encontrado, luego que no corresponden para él a ninguna realidad?

---

predisposiciones y tendencias de órdenes diversos, que son como el germen presente de los eventos futuros concernientes al individuo. Toda diátesis es en suma una disposición orgánica de ese género: un individuo porta en él, desde su origen ("ab ovo", se podría decir), tal o cual enfermedad en estado latente, pero esta enfermedad no podrá manifestarse más que en circunstancias favorables a su desarrollo, por ejemplo, bajo la acción de un traumatismo cualquiera o de cualquier otra causa de debilitamiento del organismo, lo mismo que una tendencia psicológica que no se manifiesta por ningún acto exterior no por ello es menos real.

Eso viene a ser el crear con todas sus piezas una realidad artificial, si así puede decirse, es decir, una realidad mental actual que no es la representación de ningún tipo de realidad sensible; la sugestión dada por el experimentador proporciona el punto de partida, y la imaginación del sujeto hace el resto. Es lo mismo, menos la sugestión inicial, en el estado de sueño ordinario, donde «el alma individual crea un mundo que procede enteramente de sí misma, y cuyos objetos consisten exclusivamente en concepciones mentales[168]», sin que por lo demás sea posible distinguir esas concepciones de las percepciones de origen exterior, a menos que se establezca una comparación entre esos dos tipos de elementos de psicológicos, lo que no puede hacerse más que por el paso más o menos claramente consciente del estado de sueño al estado de vigilia[169]. Así, un sueño provocado, estado en todo semejante a aquellos que se ha hecho nacer en un sujeto por sugestiones apropiadas, percepciones parcialmente o totalmente imaginarias, pero con la sola diferencia que, aquí, el experimentador es él mismo engañado con su propia sugestión y toma las creaciones mentales del sujeto por «despertares de recuerdos[170]», he ahí a lo que se reduce la

---

[168] Véase L'Homme et son devenir selon le Vêdânta.

[169] Pero esta comparación nunca es posible en el caso del sueño provocado por sugestión, puesto que el sujeto, al despertar, no conserva ningún recuerdo de su consciencia normal.

[170] El sujeto podría por lo demás considerarlos igualmente como recuerdos, pues un sueño puede comprender recuerdos tanto como impresiones actuales, sin que esos dos tipos de elementos sean otra cosa que puras creaciones mentales. No hablamos, entiéndase bien, de los recuerdos de la vigilia que vienen frecuentemente a mezclarse al sueño porque la separación de los dos estados de consciencia es raramente completa, al menos en cuanto al sueño ordinario; parece serlo mucho más cuando se trata del sueño provocado, y eso explica el olvido total que sigue al despertar del sujeto.

pretendida «exploración de las vidas sucesivas», la única «prueba experimental» que los reencarnacionistas hayan podido aportar a favor de su teoría.

Que se intente aplicar la sugestión a la «psicoterapia», servirse de ella para curar borrachines o maníacos, o para desarrollar la mentalidad de algunos idiotas, ésa es una tentativa que no deja de ser muy loable, y, cualesquiera que sean los resultados obtenidos, no encontraremos sin duda nada que decir a ello; pero que se mantenga ahí, y que se cese de emplearla para fantasmagorías como las que acabamos de relatar. Se encontrarán no obstante aún, tras eso, gentes que querrán alabarnos «la claridad y la evidencia del espiritismo», y oponerse a «la oscuridad de la metafísica», que ellos confunden además con la más vulgar filosofía[171]; singular evidencia, ¡a menos que sea la de la absurdidad! Pero todo ello no nos sorprende en modo alguno, pues sabemos muy bien que los espiritistas y otros «psíquicos» de diferentes categorías son todos como cierto personaje del cual hemos tenido que ocuparnos recientemente; ignoran profundamente lo que es la Metafísica, y no intentaremos ciertamente explicársela: «sarebbe lavar la testa all' asino», como se dice irreverentemente en italiano.

---

[171] Algunos llegan hasta a reclamar "experiencias metafísicas", sin darse cuenta que la unión de esas dos palabras constituye un sin sentido puro y simple.

René Guénon

Capítulo VII

A propósito de una misión
en Asia Central[*]

S e habla mucho en estos momentos de los descubrimientos del Sr. Paul Pelliot, antiguo alumno de la Escuela francesa de Extremo Oriente, que ha hecho, según parece, en el curso de una reciente exploración en Asia Central. Tantas misiones francesas y extranjeras se han sucedido en esas regiones sin resultados apreciables, que está permitido mostrarse primero un poco escéptico: sin duda, los exploradores han traído documentos bastante interesantes desde el punto de vista geográfico, fotografías sobre todo, y también muestras zoológicas, botánicas y minerales, pero nada más. Pero he aquí que el Sr. Pelliot mismo relata su expedición, primero en una conferencia en la Sorbona el 11 de diciembre último, después en un artículo aparecido en el Echo de París de los días 15 y 16 de diciembre; para saber lo que pueden ser sus descubrimientos arqueológicos, lo mejor es remitirnos a su propio relato.

---

[*] Publicado en La Gnose, números 3 y 4, enero y febrero de 1910, con la firma T. Palingenius

Encontró primero, dice él, cerca del pueblo de Tumchuq, en el Turquestán chino, un grupo de ruinas casi enteramente sepultadas, en las cuales pudo dejar al descubierto esculturas búdicas que presentaban huellas muy claras de la influencia helénica. A continuación, en Kutchar, uno de los principales oasis del Turquestán chino, excavó "grutas artificiales, dispuestas como santuarios búdicos y decoradas con pinturas murales", y también templos al aire libre, "en el patio de uno de los cuales aparecieron un día unos manuscritos tendidos en una capa espesa, enredados, mezclados de arena y de cristales salinos", en suma, en bastante mal estado. "Para separar las hojas, hará falta mucho tiempo y los cuidados de manos expertas; además, estos documentos no están descifrados. Todo lo que se puede decir actualmente es que están escritos con la escritura hindú llamada brahmî[172], pero redactadas en su mayor parte en idiomas misteriosos de Asia central que la filología europea apenas comienza a interpretar". Así, Pelliot reconoce él mismo que los filólogos, de los que él no forma parte, no tienen de ciertos idiomas asiáticos más que un conocimiento muy imperfecto; es éste un punto de vista sobre el que volveremos después. Por el momento, señalemos solamente que se nos afirma por otra parte que el Sr. Pelliot "conoce perfectamente los antiguos idiomas chinos, brahmis, uigures y tibetanos" (Echo de París del 10 de diciembre); es cierto que no es él mismo quien lo dice, es sin duda demasiado modesto para ello.

---

[172] La edición francesa dice hrahmî. (Nota del traductor)

Como quiera que sea, parece que Pelliot en esta primera parte de su exploración, ha descubierto únicamente, como sus predecesores rusos, ingleses, alemanes, y japoneses, "los restos, conservados en las arenas de este país desecado, de una civilización esencialmente búdica, que había florecido allá en los diez primeros siglos de nuestra era, y que, bruscamente, hacia el año 1000, el Islam había aniquilado". Por lo tanto, sólo se trata de una civilización relativamente reciente, "donde se mezclan las influencias de la India, de Persia, de Grecia y del Extremo-Oriente", y que, ha venido simplemente a superponerse a civilizaciones anteriores que databan de varios miles años. En efecto, el Turquestán chino no está lejos del Tíbet; el Sr. Pelliot ¿ignora la edad auténtica de la civilización tibetana, y la cree también como "esencialmente búdica", como han pretendido muchos de sus colegas? La realidad es que el Budismo no ha tenido nunca en estas regiones, más que una influencia del todo superficial, y, en el Tíbet mismo, habría dificultades para encontrar algunas de sus huellas, por desgracia para los que, aún ahora, querrían hacerlo el centro de la religión búdica. Las antiguas civilizaciones a las cuales acabamos de hacer alusión han debido dejar restos sepultados bajo las arenas pero, para descubrirlos, habría hecho falta sin duda excavar un poco más profundamente; es verdaderamente lamentable que no se haya pensado en eso.

Tras algún tiempo pasado en Urumchi, la capital del Turquestán chino, Pelliot arribó a Tueng-Huang, en el Kan-su occidental, sabiendo "que allí había, a una veintena de kilómetros al sureste de la ciudad, un grupo considerable de grutas búdicas, llamadas Tsi´en-fo-tong o grutas de los mil Budas". Aquí aún, es también de civilización búdica de lo que se trata; parecería verdaderamente que no ha habido jamás otras en esas regiones, o al menos que fue la única que haya dejado vestigios, y sin embargo todo nos prueba lo contrario; pero es necesario creer que hay cosas que, muy aparentes para algunos, son completamente invisibles para otros. "Estas grutas búdicas, dice Pelliot, las hemos estudiado ampliamente; había cerca de quinientas, yendo desde el siglo VI hasta el XI, cubiertas todavía por pinturas e inscripciones con las cuales las donaciones las habían adornado". Luego, en el Turquestán nada hay anterior a la era cristiana; todo ello es casi moderno, dado que, por confesión de los sinólogos mismos, "una cronología rigurosamente controlada permite remontar en la historia china hasta cuatro mil años atrás", y aún estos cuatro mil años no son nada frente al período llamado legendario que los ha precedido.

Pero he aquí el descubrimiento más importante: desde Urumchi, Pelliot había oído decir que se habían encontrado algunos manuscritos algunos años antes en una de las grutas de Tuen-Huang. "En 1900, un monje, que despejaba una de las grandes grutas, había caído, por azar, sobre un nicho tapiado, que, una vez abierto, había parecido pleno de manuscritos y de pinturas". Cosa singular, todo ello, de 1900 a 1908, había permanecido en el mismo lugar, sin que nadie se percatara de que tales manuscritos y pinturas pudieran presentar un interés cualquiera; admitiendo que el monje fuese completamente iletrado, como lo cree M. Pelliot, lo que por demás sería muy sorprendente, no había sin embargo dejado de comunicar su hallazgo a personas más capaces de apreciar su valor. Pero lo que es aún más sorprendente, es que ese monje permitió a extranjeros examinar esos documentos y llevarse todo lo que les parecía más interesante; nunca ningún explorador había hasta ahora encontrado semejante complacencia en Orientales, que generalmente guardan con celoso cuidado todo lo relacionado con el pasado y las tradiciones de su raza. Sin embargo, no podemos poner en duda el relato de Pelliot; pero debemos creer que no todo el mundo adjudicaba tanta importancia como él mismo a tales documentos, sin lo cual hubiesen sido desde hace largo tiempo puestos a buen recaudo en algún monasterio, digamos búdico, para no quitar a los sinólogos todas sus ilusiones. Sin duda se ha hecho encontrar esos manuscritos a Pelliot, como se hacen ver muchas cosas a los viajeros curiosos que visitan el Tíbet, a fin que se declaren satisfechos y no impulsen sus investigaciones más lejos; ello es a la vez más hábil y más cortés que apartar brutalmente, y se sabe que, en el aspecto de la cortesía, los chinos no son superados por ningún otro pueblo.

Había un poco de todo en ese nicho de Tueng-Huang; "Textos en escritura brahmî, en uigur, pero también muchos chinos, manuscritos budistas y taoístas sobre papel y sobre seda, un texto del cristianismo nestoriano, un fragmento maniqueo, obras de historia, de geografía, de filosofía, de literatura, los arquetipos de los clásicos (¿?), las más antiguas estampaciones en relieve conocidas en Extremo-Oriente, actas de venta, cuentas, anotaciones diarias, numerosas pinturas sobre seda, en fin, algunas impresiones xilográficas del X e incluso del siglo VIII, las más antiguas que existen en el mundo". En esta enumeración, los manuscritos taoístas parecen encontrarse ahí un poco por azar, del mismo modo que los textos nestorianos y maniqueos, cuya presencia es bastante sorprendente. Por otra parte, como la xilografía era conocida en China mucho antes de la era cristiana, es poco probable que los impresos de los que aquí se trata sean verdaderamente "los más antiguos del mundo", como lo cree M. Pelliot. Este, satisfecho con su descubrimiento, que él mismo declara como "el más formidable que la historia del Extremo Oriente haya registrado jamás", se apresuró a ganar de nuevo la China propiamente dicha; los letrados de Pekín, demasiado corteses para permitirse dudar del valor de los documentos que mencionaba, le rogaron enviarles fotografías, que servirían de base para una gran publicación.

M. Pelliot ha vuelto ahora a Francia con su colección de pinturas, de bronces, de cerámicas, de esculturas, recogida a lo largo de su ruta, y sobre todo con los manuscritos encontrados en Kutchar y en Tuen-Huang. Admitiendo que esos manuscritos tengan todo el valor que se les quiere atribuir, nos resta preguntarnos cómo los filólogos van a arreglarse para descifrarlos y traducirlos, y ese trabajo no parece ser de los más fáciles.

A pesar de todas las pretensiones de los sabios, los

progresos tan jaleados de la filología parecen más bien dudosos, y a juzgar por lo que es hoy todavía la enseñanza oficial de las lenguas orientales. En lo que concierne en particular a la sinología, se sigue siempre la ruta trazada por los primeros traductores, y no parece que se haya avanzado mucho desde hace más de medio siglo. Podemos tomar como ejemplo las traducciones de Lao-Tsé, de las cuales la primera, la de G. Pauthier, es seguramente, a pesar de las imperfecciones inevitables, la más meritoria y la más concienzuda. Esta traducción, antes incluso de haber sido publicada enteramente, fue violentamente criticada por Stanislas Julien, que parece haberse esforzado por depreciarla en provecho de la suya propia, sin embargo muy inferior, y que además no data más que de 1842, mientras que la de Pauthier es de 1833. Stanislas Julien, en la introducción de la que hacía preceder su traducción del Tao-te-king, se asociaba además a la declaración siguiente, hecha por A. Rémusat en una Mémoire sur Lao-tseu, y que podrían aún repetir los sinólogos actuales: "El texto del Tao está pleno de oscuridades, tenemos tan pocos medios para adquirir su inteligencia perfecta, tan poco conocimiento de las circunstancias a las cuales el autor ha querido hacer alusión; estamos tan lejos, en todos los aspectos, de las ideas bajo la influencia de las cuales escribía, que habría temeridad en pretender reencontrar exactamente el sentido que tenía in mente". A pesar de esta confesión de incomprehensión, es aún la traducción de Stanislas Julien (veremos en su momento lo que ella vale en sí misma) la que imparte autoridad y a la cual se remiten más de buena gana los sinólogos oficiales.

En realidad, aparte de la muy notable traducción del Yi-king y de sus comentarios tradicionales por M. Philastre, traducción desgraciadamente demasiado poco comprehensible para la intelectualidad occidental, es preciso reconocer que nada verdaderamente serio se había hecho desde ese punto de vista hasta los trabajos de Matgioi; antes de este último, la metafísica china era enteramente desconocida en Europa, se podría incluso decir que totalmente insospechada sin arriesgar ser acusado de exageración. La traducción de los dos libros del Tao y del Te por Matgioi habiendo sido revisada y aprobada, en Extremo Oriente, por los sabios depositarios de la herencia de la Ciencia taoísta, lo que nos garantiza su perfecta exactitud, es a esta traducción a la que deberemos comparar la de Stanislas Julien. Nos contentaremos con reenviar a las notas suficientemente elocuentes de las que está acompañada la traducción del Tao y del Te publicada en La Haute Science (2º año, 1894), notas en las cuales Matgioi señala cierto número de contrasentidos del género de éste: "Es bello tener ante sí una tablilla de jade, y montar sobre un carro de cuatro caballos", en lugar de: "Unidos en conjunto, van más rápido y fuerte que cuatro caballos". Podríamos citar al azar una multitud de ejemplos análogos, donde un término que significa "un parpadeo" deviene "el cuerno de un rinoceronte", donde la moneda se convierte en "un plebeyo" y su valor justo en "un carruaje", y así siguiendo; pero he aquí lo que todavía es más elocuente: es la apreciación de un letrado indígena, relatada en estos términos por Matgioi: Teniendo en las manos la paráfrasis francesa del Sr. Julien, tuve antaño la idea de retraducirla literalmente, en chino vulgar, al doctor que me enseñaba. Él se puso primero a sonreír silenciosamente, al modo oriental, después se indignó, y me declaró finalmente que: "Hacía falta que los Franceses fuesen muy enemigos de los Asiáticos, para que sus sabios se divirtiesen en desnaturalizar conscientemente las obras de los filósofos chinos, y en cambiarlas a fabulaciones grotescas, para librarlas a las risotadas de la masa francesa". Yo no he intentado hacer creer a mi doctor que el Sr. Julien se había imaginado haber hecho una traducción respetuosa, pues hubiese entonces dudado del valor de todos nuestros sabios; he preferido dejarle dudar de la lealtad del solo Sr. Julien; y es así como éste último ha pagado póstumamente la imprudencia que en vida, había cometido, acometiendo textos cuyo sentido y alcance debían escapársele inevitablemente".

El ejemplo de Stanislas Julien, que fue miembro del Institut, da, pensamos, una justa idea sobre el valor de los filólogos en general; sin embargo, puede que haya honorables excepciones, y queremos incluso creer que M. Pelliot es una de ellas; a él le corresponde darnos ahora la prueba de ello interpretando exactamente los textos que ha traído de su expedición: como quiera que sea, por lo referente a los textos taoístas, no debería ya ser posible hoy dar prueba, con relación a la metafísica china, de una ignorancia que era quizás excusable hasta cierto punto en los tiempos de

Rémusat y de Stanislas Julien, pero que no podría ya serlo tras los trabajos de Matgioi, y sobre todo tras la publicación de sus dos obras más importantes desde ese punto de vista, La Voie Métaphysique y La Voie Rationnelle. Pero los sabios oficiales, siempre desdeñosos con lo que no emana de uno de los suyos, son poco capaces de sacar provecho de ellos, en razón misma de su mentalidad especial; es muy lamentable para ellos, y si nos fuera permitido dar un consejo al Sr. Pelliot, le animaríamos con todas nuestras fuerzas a no seguir los importunos procedimientos habituales de sus predecesores.

Si de los manuscritos chinos pasamos a los textos escritos en los idiomas de Asia central, o incluso en ciertas lenguas sagradas de la India, nos encontramos en presencia de dificultades más graves aún, pues, como hemos hecho observar precedentemente, El Sr. Pelliot mismo reconoce que "la filología europea comienza apenas a interpretar esos idiomas misteriosos".

Podemos incluso ir más lejos, y decir que, entre esas lenguas de las cuales cada una tiene una escritura que le es propia, sin contar los sistemas criptográficos muy usados en todo el Oriente y que hacen en ciertos casos el desciframiento totalmente imposible (se encuentran incluso en Europa inscripciones de ese género que jamás han podido ser interpretadas), entre esas lenguas, decimos, hay un gran número de las cuales todo, hasta los nombres, es y permanecerá durante largo tiempo todavía ignorado de los sabios occidentales. Es probable que, para traducir esos textos, se recurra a los métodos que ya han aplicado, en otras ramas de la filología, los egiptólogos y los asiriólogos; las discusiones interminables que se levantan a cada instante entre éstos, la imposibilidad en que están para ponerse de acuerdo sobre los puntos más esenciales de su ciencia, y también las absurdidades evidentes que se encuentran en todas sus interpretaciones, muestran suficientemente el poco valor de los resultados a los cuales han llegado, resultados de los cuales están sin embargo tan orgullosos. Lo más curioso, es que esos sabios tienen la pretensión de comprender las lenguas de las que se ocupan mejor que aquellos mismos que antaño hablaban y escribían esas lenguas; no exageramos nada, pues hemos visto señalar en manuscritos unas pretendidas interpolaciones que, según ellos, probaban que el copista se había confundido sobre el sentido del texto que transcribía.

Estamos lejos de las prudentes reservas de los primeros sinólogos, que hemos relatado antes; y sin embargo, si las pretensiones de los filólogos van cada vez aumentando, hace mucha falta que su ciencia haga también rápidos progresos. Así, en egiptología, se está aún en el método de Champollion, que sólo tiene el error de aplicarse únicamente a las inscripciones de las épocas griega y romana, donde la escritura egipcia devino puramente fonética tras la degeneración de la lengua, mientras que era jeroglífica, es decir, ideográfica, como lo es la escritura china. Por lo demás, el defecto de todos los filólogos oficiales es querer interpretar las lenguas sagradas, casi siempre ideográficas, como lo harían para lenguas vulgares, de caracteres simplemente alfabéticas o fonéticas. Añadamos que hay lenguas que combinan los dos sistemas ideográfico y alfabético; tal es el hebreo bíblico, como lo ha mostrado Fabre d´Olivet en La Langue hébraïque restituée, y podemos destacar de pasada que esto basta para hacer comprender que el texto de la Biblia, en su significación verdadera, nada tienen en común con las interpretaciones ridículas que se han dado, desde los comentarios de los teólogos, tanto protestantes como católicos, comentarios basados además sobre versiones enteramente erróneas, hasta las críticas de los exégetas modernos, que todavía se están preguntando cómo es que en el Génesis hay pasajes donde Dios es llamado [173]מ י ה ל א y otras donde es llamado , sin darse cuenta que esos [174]ה ו ה י dos términos, de los cuales el primero es además un plural, ti tienen un sentido totalmente diferente, y que en realidad ni uno ni otro han designado nunca a Dios.

Por otra parte, lo que hace casi imposible la traducción de las lenguas ideográficas, es la pluralidad de sentido que presentan los caracteres hiero gramáticos, de los que cada uno corresponde a una idea diferente, bien que análoga, según que se la relacione con uno u otro plano del Universo, de donde resulta que se pueden siempre distinguir tres sentidos principales, subdividiéndose en un gran número de significaciones secundarias más particularizadas. Eso es lo que explica que no se pueden propiamente hablando, traducir

---

[173] Elohim (Nota del T.)
[174] YHWY (N. del Traductor)

los Libros sagrados; se puede simplemente dar de ellos una paráfrasis o un comentario, y es a lo que deberían resignarse los filólogos y los exégetas, si les fuera solamente posible aprehender su sentido más exterior; desgraciadamente, hasta ahora, no parecen incluso haber obtenido ese modesto resultado. Esperemos por tanto que el Sr. Pelliot será más afortunado que sus colegas, que los manuscritos de los que es poseedor no queden para él en letra muerta, y deseémosle buen ánimo en la ardua tarea que va a emprender.

Capítulo VIII

La ciencia profana ante

las doctrinas tradicionales[*]

Bien que hemos precisado frecuentemente cuál debía ser normalmente, frente a la ciencia profana, la actitud de cualquiera que represente o más simplemente exponga una doctrina tradicional cualquiera que sea, parece, según ciertas reflexiones que se nos han participado desde sitios diversos en los últimos tiempos, que no todos lo han comprendido todavía perfectamente. Debemos además reconocer que hay para ello una excusa: y es que la actitud de que se trata es difícilmente concebible para aquellos que están más o menos afectados por el espíritu moderno, es decir, la inmensa mayoría de nuestros contemporáneos, al menos en el mundo occidental; raros son los que logran desprenderse enteramente de este espíritu, y que les ha sido impuesto por la educación que han recibido y por el medio mismo en el que viven. Ahora bien, entre esos prejuicios, uno de los más fuertes es ciertamente la creencia en el valor de la ciencia moderna, que es en realidad lo mismo

---

[*] Publicado en Etudes Traditionnelles, París, abril-mayo de 1950

que la ciencia profana: de ahí resulta inevitablemente, en muchos, una especie de voluntad más o menos inconsciente de no admitir que los resultados reales o supuestos de esta ciencia sean algo que pudiese no tenerse en cuenta.

Recordaremos primero que, en cualquier orden, es el punto de vista profano mismo el que es ilegítimo como tal; y este punto de vista consiste esencialmente en considerar las cosas sin vincularlas a ningún principio trascendente, y como si fueran independientes de todo principio, que ignora pura y simplemente, cuando no llega hasta a negarlo de manera más o menos explícita. Esta definición es igualmente aplicable al dominio de la acción y al del conocimiento; en este último, es bien evidente que tal es el caso de la ciencia moderna entera, y, por consiguiente, no tiene ningún derecho a ser considerada como un verdadero conocimiento, puesto que, incluso si llega a enunciar cosas que son verdaderas, la manera como las presenta no es menos ilegítima, y es en todo caso incapaz de dar la razón de ser de su verdad, que no puede residir más que en su dependencia con respecto a los principios. Entiéndase bien además que, desde el momento que hablamos de conocimiento, esto no concierne a las aplicaciones prácticas a las que da lugar; esas aplicaciones, en efecto, son totalmente independientes del valor de la ciencia como tal, y, consecuentemente, no nos interesan aquí. Por lo demás, los doctos mismos reconocen de bastante buena gana que utilizan fuerzas de las que ignoran completamente la naturaleza; en esta ignorancia está sin duda para muchos el carácter peligroso que tales aplicaciones presentan demasiado frecuentemente, pero ésa es otra cuestión sobre la cual no tenemos que insistir ahora.

Se podría preguntar si, a pesar de todo, una ciencia así no puede ser legitimada, restableciendo, para la parte de verdad que puede contener en un orden relativo, el lazo con los principios, único que permitiría comprender efectivamente esta verdad como tal. Sin duda, eso no es imposible en ciertos casos, pero entonces ya no se trataría en realidad de la misma ciencia, puesto que ello implicaría un cambio completo de punto de vista, y que, por eso mismo, un punto de vista profano sería sustituido por un punto de vista tradicional; no hay que olvidar que una ciencia no se define únicamente por su objeto sino también por el punto de vista bajo el cual ella lo considera. Si fuera así, lo que podría ser conservado debería ser cuidadosamente distinguido de lo que habría por el contrario que eliminar, es decir, de todas las concepciones falsas a las cuales la ignorancia de los principios ha permitido demasiado fácilmente introducirse; y la formulación misma de las verdades tendría lo más frecuentemente necesidad de ser rectificada, pues está casi siempre influida más o menos gravemente por esas concepciones falsas a las cuales las verdades en cuestión se encuentran asociadas en la ciencia profana. Nosotros mismos, en una de nuestras obras, hemos dado al respecto algunas indicaciones en lo que concierne a ciertas partes de las matemáticas modernas[175]; y que no se nos venga a decir que, en un caso como aquel, la rectificación de

---

[175] Véase Le Règne de la Quantité et les Signes des Temps.

la terminología tendría poca importancia en el fondo, incluso que no merecería el esfuerzo que exigiría, so pretexto que los matemáticos mismos no son engañados por los absurdos implicados en el lenguaje que emplean. Primero, un lenguaje erróneo supone siempre forzosamente alguna confusión en el pensamiento mismo, y es más grave de lo que se podría creer el obstinarse en no querer disipar esta confusión y tratarla como algo desdeñable o indiferente. Seguidamente, incluso si los matemáticos profesionales han terminado por percatarse de la falsedad de ciertas ideas, no es menos cierto que, continuando con las maneras de hablar que reflejan esas mismas ideas falsas, contribuyen a extender éstas o a mantenerlas entre todos los que reciben su enseñanza en una medida cualquiera, directa o indirectamente, y que no tienen la posibilidad de examinar las cosas tan de cerca como ellos. En fin, y esto es todavía más importante, el hecho de servirse de una terminología con la cual no se relaciona ya ninguna otra significación plausible no es otra cosa que una de las manifestaciones de la tendencia cada vez más acentuada de la ciencia actual a reducirse a un «convencionalismo» vacío de sentido, tendencia que es ella misma característica de la fase de "disolución" en los últimos períodos del ciclo[176]. Sería verdaderamente curioso, y además bien digno de una época de desorden intelectual como la nuestra, que algunos, queriendo mostrar que las objeciones que hemos formulado contra su ciencia no son realmente aplicables en lo que les

---

[176] 2 Véase Les Principes du Calcul infinitesimal.

concierne, poniendo precisamente por delante un argumento que no hace al contrario ¡más que aportar a ello una confirmación aún más completa!

Esto nos lleva directamente a una consideración de orden más general: sabemos que se nos reprocha a veces dar cuenta de teorías que los doctos mismos no admiten ya apenas actualmente, o sobre las cuales tienen al menos reservas que no hacían sus predecesores.

Para tomar un ejemplo, es exacto, en efecto, que el transformismo ha perdido mucho terreno en los "medios científicos", sin que se pueda con todo llegar hasta decir que ya no cuenta con partidarios, lo que sería una exageración manifiesta; pero no es menos exacto que continua exponiéndose como antes, y con la misma seguridad "dogmática", en los manuales de enseñanza y en las obras de vulgarización, es decir, en suma, en todo lo que es efectivamente accesible a los que no son "especialistas", si bien, en lo que concierne a la influencia que ejerce sobre la mentalidad general, no ha cambiado verdaderamente nada, y guarda siempre, si así puede decirse, la misma "actualidad" en este aspecto. Se debe además comprender bien que la importancia que atribuimos a ese hecho, que se puede comprobar también para todo tipo de teorías "periclitadas" o "sobrepasadas", según las expresiones a la moda, no quita para que dirijamos un interés particular a la masa del "gran público"; la verdadera razón de ello es que esas teorías afectan indistintamente a todos los que, como acabamos de decir, no son "especialistas", y entre los cuales hay seguramente algunos, por poco numerosos que sean, que, si no sufrieran tales influencias, tendrían posibilidades de comprehensión que, por el contrario, no se pueden encontrar entre los doctos irremediablemente encerrados en sus "especialidades".

A decir verdad, además, no estamos muy seguro de que, si muchos de esos doctos han renunciado por su propia cuenta a las formas groseras del transformismo, no sea simplemente para reemplazarlas por concepciones que, siendo más sutiles, no valen más en el fondo, y son incluso quizá más peligrosas; en todo caso, ¿por qué mantienen un fastidioso equívoco continuando con la palabra "evolución" como hacen siempre, si verdaderamente lo que ellos entienden por tal no tiene ya apenas relación con lo que habitualmente se designaba hasta ahora por esa palabra, y ¿hay que ver ahí una de las manifestaciones del "convencionalismo" científico actual, o simplemente un ejemplo de la tendencia que siempre tienen las palabras, en el uso corriente, a perder completamente su sentido normal? Como quiera que sea, lo que es bastante extraño es que, mientras que algunos nos reprochan no tomar lo suficientemente en consideración lo que se podría llamar la "actualidad" científica, hay también, en otros medios, gentes que, al contrario, no nos perdonan ciertamente el pensar y decir que el materialismo no es ya ahora el único peligro que proceda denunciar, ni incluso el principal o el más temible; hay que creer que es bien difícil satisfacer a todo el mundo, y además debemos decir que esa es una cosa de la cual, por nuestra parte, no nos hemos nunca preocupado mucho.

Volvamos ahora a la cuestión de la legitimación de las ciencias modernas: si esta legitimación es posible para algunas de entre ellas como hemos dicho, sin embargo no es así para todas igualmente, pues hay para eso una condición necesaria, que es que una ciencia tenga un objeto que sea legítimo en sí mismo, si la manera como lo considera no lo es en razón de su carácter profano. Ahora bien, esta condición no es cumplida por las ciencias, que no son en realidad otra cosa que productos específicos de la desviación moderna; un caso totalmente típico en este género es el del psicoanálisis, y no hay que buscar vincular a principios superiores lo que no es propiamente más que una aberración debida a la acción de influencias psíquicas del orden más bajo; sería como intentar legitimar el espiritismo o las divagaciones "surrealistas" que tienen en suma un origen muy semejante, siendo la sola diferencia que esas cosas no son admitidas en los cuadros de la enseñanza "oficial". Por otra parte, en lo que concierne a aquellas ciencias modernas que tienen al menos un objeto legítimo, no hay que olvidar que, para muchas de entre ellas, habría que tener en cuenta el carácter de residuos que presentan con relación a ciertas ciencias antiguas, como hemos explicado en otras ocasiones, de modo que su legitimación equivaldría propiamente a una restauración más o menos íntegra de las ciencias tradicionales a las cuales corresponden así y de las que no son realmente más que vestigios degenerados tras el olvido de los principios; pero esta restauración misma no carecería de dificultades, pues, entre esas ciencias tradicionales, las hay, como la astrología por ejemplo, cuya verdadera "clave" parece bien perdida, y que en todo caso habría que guardarse de confundir con las deformaciones de fecha más o menos reciente que se encuentran hoy bajo el mismo nombre, y que están ellas mismas fuertemente afectadas por el punto de vista profano que invade todo cada vez más.

La cuestión que acabamos de examinar no tiene por lo demás actualmente más que un interés en cierto modo "teórico", pues, de hecho, la legitimación de que se trata no ha sido emprendida en ningún caso, de suerte que, cuando se trata de la ciencia moderna, nos encontramos siempre únicamente en presencia de la ciencia profana.

Esta no puede ser considerada, con relación a las doctrinas tradicionales, más que como puramente inexistente; en otros términos, no hay que preocuparse en absoluto por saber si se encuentra en acuerdo o en desacuerdo con esas doctrinas, con las cuales, en razón de su falta de principios, no podría tener ninguna relación efectiva. Si hay desacuerdo, se puede estar seguro que el error está forzosamente del lado de la ciencia profana, no pudiendo los datos tradicionales ser objeto de ninguna duda para cualquiera que comprenda su verdadera naturaleza; si por el contrario hay acuerdo, tanto mejor para esta ciencia, pero para ella solamente, pues eso muestra que ha llegado, aunque por vías muy desviadas e inciertas, a alcanzar la verdad sobre algunos puntos particulares. Este encuentro, que tiene un carácter totalmente accidental, en nada importa a las doctrinas tradicionales, pues no tienen necesidad de una "confirmación" exterior cualquiera; sería además una singular confirmación la que pretendiera obtenerse apelando a una ciencia para la cual las verdades de que se trata no pueden jamás, como todo el conjunto de sus teorías, aparecer más que como simples hipótesis más o menos probables. Tampoco ha lugar a asociar a datos tradicionales unas ideas tomadas de la ciencia profana o inspiradas por ella más o menos directamente; ésa es una empresa perfectamente vana, y que no pueden acometer sino los que, como los ocultistas por ejemplo, ignoran totalmente el alcance real de los elementos fragmentarios que han tomado en lo que han podido conocer de diversas tradiciones; hemos ya explicado bastante frecuentemente la inanidad de ese género de construcciones "sincréticas" e híbridas para que sea necesario extendernos de nuevo en ello.

Por otra parte, hemos tenido también ocasión de hacer observar la debilidad, por no decir más, de la actitud que se ha convenido en llamar "apologética", y que consiste en querer defender una tradición contra ataques como los de la ciencia moderna discutiendo los argumentos de ésta sobre su propio terreno, lo que no deja casi nunca de entrañar concesiones más o menos molestas, y lo cual implica en todo caso un desconocimiento del carácter trascendente de la doctrina tradicional. Esta actitud es habitualmente la de los exoteristas, y se puede pensar que, muy frecuentemente, son impulsados por el temor de que un mayor o menor número de adherentes de su tradición se dejen disuadir por las objeciones científicas o sedicentemente tales que son formuladas contra ella; pero, además que esta consideración "cuantitativa" es ella misma de un orden bastante profano, esas objeciones merecen tanto menos que se le otorgue tal importancia cuanto que la ciencia de la cual se inspiran cambia continuamente, lo que debería bastar para probar su poca solidez. Cuando se ve, por ejemplo, a teólogos preocuparse por "concordar la Biblia con la ciencia", es demasiado fácil comprobar cómo tal trabajo es ilusorio, puesto que hay que rehacerlo constantemente a medida que las teorías científicas se modifican, sin contar que siempre tiene el inconveniente de parecer solidarizar la tradición con el estado presente de la ciencia profana, es decir, con teorías que no serán quizás admitidas ya por nadie al cabo de algunos años, si es que no lo son incluso ya por los doctos, pues eso puede también ocurrir, siendo las objeciones que así se combaten lo más ordinariamente cosa de vulgarizadores más que de los doctos mismos. En lugar de rebajar torpemente las Escrituras sagradas a semejante nivel, esos teólogos harían sin duda mucho mejor en buscar profundizar tanto como sea posible su verdadero sentido, y exponerlo pura y simplemente para beneficio de los que son capaces de comprenderlo, y que, si lo comprendieran efectivamente, no serían ya tentados a dejarse influir por las hipótesis de la Ciencia profana, como tampoco por la "crítica" disolvente de una exégesis modernista y racionalista, es decir, esencialmente anti-tradicional, cuyos pretendidos resultados no tienen que ser ya tomados en consideración por los que tienen consciencia de lo que es realmente la tradición. Cualquiera que exponga una doctrina tradicional, exotérica tanto como esotérica, tiene no solamente el derecho más estricto, sino incluso el deber de guardarse del menor compromiso con el punto de vista profano, en el dominio que sea; pero ¿dónde están hoy, en Occidente, los que comprenden todavía que así debe ser? Algunos dirán quizá que, después de todo, eso es asunto de los teólogos, puesto que son ellos los que acabamos de tomar como ejemplo, y no nuestro; pero no somos de los que estiman que es posible desinteresarse de los ataques lanzados a una tradición cualquiera distinta de la de uno, y que incluso están prestos a felicitarse de los ataques que apuntan a una tradición distinta de la suya, como si se tratase de golpes dirigidos contra "competidores", y como si esos ataques no alcanzaran siempre, en definitiva, al espíritu tradicional mismo; y el género de "apologética" del que hemos hablado muestra demasiado hasta qué punto han logrado debilitar este espíritu tradicional en aquellos mismos que se creen sus defensores.

Ahora, hay todavía un punto que nos hace falta precisar bien para evitar todo malentendido: no habría ciertamente que pensar que aquel que pretende mantenerse en una actitud rigurosamente tradicional debe desde entonces prohibirse hablar jamás de las teorías de la ciencia profana; puede y debe al contrario, cuando ha lugar, denunciar sus errores y sus peligros, y ello sobre todo cuando se encuentran afirmaciones que van nítidamente contra los datos de la tradición; pero deberá hacerlo siempre de tal manera que ello no constituya de ningún modo una discusión "de igual a igual", que no es posible más que a condición de emplazarse a sí mismo sobre el terreno profano. En efecto, aquello de que se trata realmente en semejante caso, es un juicio formulado en nombre de una autoridad superior, la de la doctrina tradicional, pues entiéndase bien que es esta sola doctrina la que cuenta aquí y que las individualidades que la expresan no tienen la menor importancia en sí mismas; ahora bien, nunca se ha osado pretender, que sepamos, que un juicio podía ser asimilado a una discusión o a una polémica. Si, por un prejuicio debido a la incomprehensión y del cual la mala fe no está desgraciadamente siempre ausente, los que desconocen la autoridad de la tradición pretenden ver "polémica" allá donde no hay ni la sombra de ella, no hay evidentemente ningún medio para impedírselo, como tampoco se puede impedir a un ignorante o a un estúpido tomar las doctrinas tradicionales por "filosofía", pero a eso no vale la pena prestar la menor atención; igualmente, todos los que comprenden lo que es la tradición, y que son los únicos cuya opinión importa, sabrán perfectamente a qué atenerse; y, por nuestra parte, si hay profanos que querrían arrastrarnos a discutir con ellos, les advertimos de una vez por todas que, como no podríamos consentir en descender a su nivel ni a colocarnos en su punto de vista, sus esfuerzos caerán siempre en el vacío.

OTROS LIBROS DE RENÉ GUÉNON

OMNIA VERITAS LTD PRESENTA:

RENÉ GUÉNON
APERCEPCIONES SOBRE EL ESOTERISMO ISLÁMICO Y EL TAOÍSMO

"En el islamismo, la tradición es de doble esencia, religiosa y metafísica"

Se las compara frecuentemente a la "corteza" y al "núcleo" (el-qishr wa el-lobb)

Omnia Veritas Ltd presenta:

RENÉ GUÉNON

APERCEPCIONES SOBRE LA INICIACIÓN

«A menudo nos concentramos en los errores y confusiones que se hacen sobre la iniciación...»

Somos conscientes del grado de degeneración al que ha llegado el Occidente moderno ...

OMNIA VERITAS LTD PRESENTA:

RENÉ GUÉNON
APRECIACIONES SOBRE EL ESOTERISMO CRISTIANO

« Este cambio convirtió al cristianismo en una religión en el verdadero sentido de la palabra y una forma tradicional ... »

Las verdades esotéricas estaban fuera del alcance del mayor número...

René Guénon

Omnia Veritas Ltd presenta:

RENÉ GUÉNON
AUTORIDAD ESPIRITUAL
Y PODER TEMPORAL

"La distinción de las castas constituye, en la especie humana, una verdadera clasificación natural a la cual debe corresponder la repartición de las funciones sociales."

La igualdad no existe en realidad en ninguna parte

Omnia Veritas Ltd presenta:

RENÉ GUÉNON

EL ERROR ESPIRITISTA

En nuestra época hay muchas otras "contraverdades" que es bueno combatir...

Entre todas las doctrinas "neoespiritualistas", el espiritismo es ciertamente la más extendida

Omnia Veritas Ltd presenta:

RENÉ GUÉNON

EL HOMBRE Y SU DEVENIR SEGÚN EL VÊDÂNTA

"Cuando consideramos lo que es la filosofía en los tiempos modernos, no podemos impedirnos pensar que su ausencia en una civilización no tiene nada de particularmente lamentable."

El Vêdânta no es ni una filosofía, ni una religión

OMNIA VERITAS

OMNIA VERITAS LTD PRESENTA:

RENÉ GUÉNON

EL REINO DE LA CANTIDAD Y
LOS SIGNOS DE LOS TIEMPOS

« Porque todo lo que existe de
alguna manera, incluso el error,
necesariamente tiene su razón de
ser »

... y el desorden en sí mismo debe encontrar su lugar entre los elementos del orden universal

OMNIA VERITAS

OMNIA VERITAS LTD PRESENTA:

RENÉ GUÉNON
EL REY DEL MUNDO

"Un principio, la Inteligencia
cósmica que refleja la Luz espiritual
pura y formula la Ley"

El Legislador primordial y universal

OMNIA VERITAS

Omnia Veritas Ltd presenta:

RENÉ GUÉNON

EL SIMBOLISMO
DE LA CRUZ

«La consideración de un ser en
su aspecto individual es
necesariamente insuficiente»

... puesto que quien dice metafísico dice universal

René Guénon

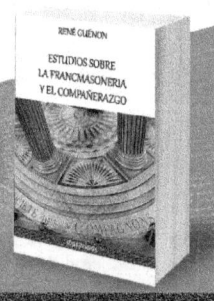

www.ingramcontent.com/pod-product-compliance
Lightning Source LLC
Chambersburg PA
CBHW071909020726
47502CB00003B/943